波段是金

——震荡市下的股票投资策略

第三版

江山/著

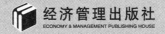

经济管理出版社
ECONOMY & MANAGEMENT PUBLISHING HOUSE

图书在版编目（CIP）数据

波段是金（第三版）/ 江山著. —北京：经济管理出版社，2018.6
ISBN 978-7-5096-5751-5

Ⅰ.①波… Ⅱ.①江… Ⅲ.①股票投资—基本知识 Ⅳ.①F830.91

中国版本图书馆 CIP 数据核字（2018）第 082752 号

组稿编辑：勇　生
责任编辑：王格格
责任印制：黄章平
责任校对：董杉珊

出版发行：经济管理出版社
　　　　　（北京市海淀区北蜂窝 8 号中雅大厦 A 座 11 层　100038）
网　　址：www. E-mp. com. cn
电　　话：(010) 51915602
印　　刷：三河市延风印装有限公司
经　　销：新华书店
开　　本：720mm×1000mm/16
印　　张：15.25
字　　数：226 千字
版　　次：2018 年 8 月第 1 版　2018 年 8 月第 1 次印刷
书　　号：ISBN 978-7-5096-5751-5
定　　价：48.00 元

第三版序　变与不变

自本书第二版面世至今已有 6 年。这 6 年发生了很多变化，也有很多未变。

6 年来，资本市场发生了巨大的变化。跨越了完整的牛熊周期，市场规则、机制和开放程度都在改变。上市公司有新生、崛起、衰亡，投资者群体也发生了巨大变迁，机构投资者和新兴代投资者崛起。

6 年来，也有很多从未改变。人性深处形成的投资规律从未改变，资本市场的光明前景从未改变，投资者参与的热情从未改变。

面对改变，本书必须与时俱进。本书中更新了新股申购规则并补充了一些投资技巧，以应对新股申购新规调整等规则改变；同时，大量使用最新的案例和配图，使投资者更容易接受和理解。但本书也有始终未变的坚守——坚持实战导向不改变。

最后，真诚感谢读者朋友的关注和支持！

您的朋友　江山

2018 年 2 月 18 日

目　录

第一章　K 线图里的玄机

导言

　　无风不起浪，事出必有因。神奇的 K 线图告诉我们一切市场信息。阴阳的此消彼长，行情的起伏跌宕，都有着独特的规律，我们只有识破 K 线图中的玄机，把握住市场运行规律，才能在残酷的市场中生存和获得财富。我知道你已经迫不及待了，那么好吧，就让我们共同去破译这些财富密码吧！

第一节　鹅头形态：意在高远

　　记得一首咏鹅诗写道："鹅，鹅，鹅，曲项向天歌。"形容鹅的高雅姿态。而此处提到的这种 K 线组合形态就像鹅的头颈，股价走向意在高远。

一、鹅头的形成过程

　　（1）股价经过长期下跌，成交量逐渐萎缩。突然，股价和成交量同时拔地而起，5 日、10 日、20 日和 60 日均线迅速呈现出大角度发散状态。这种股价走势必然是庄家所为，即拔高建仓。

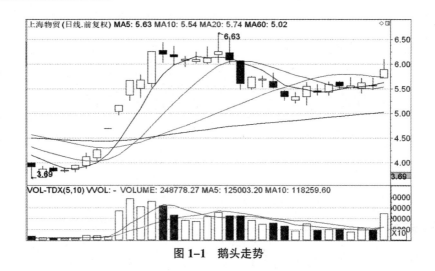

图 1-1　鹅头走势

（2）在享受到坐轿子的感觉后，散户意犹未尽，因此非常惜售。主力就借某种理由向下猛烈打压，破坏形态使股价破 10 日甚至 20 日均线，震出短线获利筹码，股价最终在 60 日均线附近获得支撑。

（3）在打压调整时，成交量逐步萎缩到低量，在拔高建仓时没有吸纳足够筹码的庄家会在低位继续慢慢吃进，因而之后又呈现出温和的放量，股价重心也慢慢抬高。整体来看，整个走势形状像一个鹅头。

（4）K 线图形上出现鹅头形态，预示着该股主升行情将一触即发。正所谓曲项向天歌，意在高远，每每翻番。

二、识别鹅头形态的注意事项

（1）在拔高建仓时，5 日、10 日、20 日和 60 日均线一般呈现黏合状态。一根巨量长阳线拉开建仓序幕，均线也开始发散。

（2）成交量密集放大，而且出现与 K 线一致的鹅头形态，则形态较为可靠。

（3）股价拔高后进行调整，调整的幅度一般为股价拔高时最高价的 30%左右。这个价位大致与 60 日均线相当，即股价在 60 日均线附近停稳。跌破这个价位该图形不成立（因为主力拔高建仓的成本大约在此处，庄家让股价破位会引来狼群，抢走比自己还便宜的筹码，这样就等于庄家被别人控制）。

（4）股价在回调企稳后，会窄幅波动，5 日、10 日和 20 日均线几乎纠缠在一起，慢慢勾画出鹅嘴。形态的结束一般在股价放量突破鹅头时。

（5）鹅头一般出现在中低价位的题材丰富的股票中。

鹅头形态是主力突击建仓和快速运作的结果。基于对上海物贸（股票代码：600822）重大利好的先知先觉，主力资金建仓的时间非常紧迫，因此采用了拔高建仓的方式，快速吸筹使得成交量迅速放大。等到主力筹码收集完成，股价开始反复震荡回调走势，成交量出现明显的萎缩，说明主力清理浮动散户比较成功。"鹅，鹅，鹅，曲项向天歌。"一旦放量突破，则目标非常高远。如图 1-2 所示。

图 1-2　曲项向天歌

三、应用说明

（1）在拔高建仓时，即当股价以巨量长阳线突破黏合在一起的几条均线时，则迅速买入。严格来说，这实际上是均线的运用技巧。如果股价真的出现了直线拉升的形态，则大约在股价翻番时寻找卖点。

（2）在构筑鹅嘴时，股价会窄幅震荡。一般当股价第三次在 60 日均线处落稳时买入。因为庄家既然要拔高建仓，可见其时间压力比较大，不会长时间地纠缠。此时，就是买入在鹅嘴的下颚上。

（3）鹅嘴构筑完成时，股价会放量突破，在股价突破鹅嘴时，买入。

亲爱的读者，你知道鹅头怎么吃了吗？

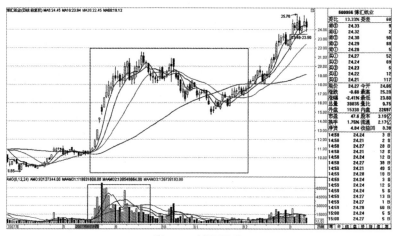

图 1-3　博汇纸业

第二节　一石激起千层浪

股市中最令人痛苦的事情不是亏钱，而是对所操作的股票心里没底，陷入赌博式的迷茫和困惑中。困惑的原因是不知道自己处在股票的什么阶段。股市中的哲学其实和其他事情一样，那就是不了解事物的本质规律而捕风捉影地行事，必然失败。

在每一次下跌行情的末期，都会有一些明显或不明显的转折信号。从量、价、势三个方面来说，首先有反应的是成交量，其次是价格的攀升和趋势的转暖。此处讲到的一石激起千层浪是重点从成交量和股价的关系来探寻底部的一种典型。"石头"就是成交量，浪就是股价的波浪，是我们波段研究的重点。

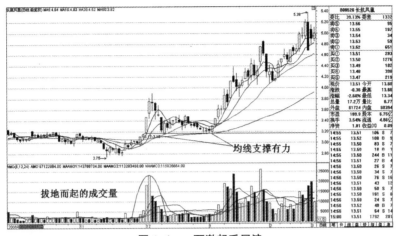

图 1-4　一石激起千层浪

一、一石激起千层浪的特征

（1）股价经过大幅下跌，做空动能已经明显释放，成交量缩小到低量，K 线也多为豆状小 K 线，呈现横向分布或开始抬头（有十字星等经典形态更佳）。

（2）成交量在沉闷时突然放出巨量（一般量比在 3 以上），并接连几天不断呈梯形大幅放大，之后几天又呈梯形逐渐缩小到第一次放量的水平。这样就形成了一个小山丘状的成交量突起，即所说的"石头"。

（3）在第一次放量时，股价开始大幅拉升，出现一根光头大阳线（至少上影线不长），之后连续拉出大阳线，即石头激起的第一浪。在成交量放至最大时，股价也开始伴随缩量滞涨横盘或略微回调，并在均线处止跌。

（4）当成交量再次放大时，股价开始新的爬升。

二、市场意义

一石激起千层浪是多方主力力量大规模聚集，预示着一波接一波的大涨将要开始。虽然放量时已经有较大的涨幅，但这只是一个开始，更大的涨幅还在后面。低位持续放量是股价启动的信号，这在后面的量价关系中会详细讲到。

三、操作说明

（1）在第一次低位放量时，若股价出现迅速拉升，应密切关注（防备庄家试盘或者骗线，故暂不买入）。股价封死涨停的瞬间可跟进，吃掉最后的单子（需要将委托单填好，等出现这种现象时，一按回车键就可以了，否则先填单子肯定就抓不到机会了）。这时需半仓或轻仓杀进，因为尚不能完全确定"一石激起千层浪"。

（2）"摸着石头过河"，即等到成交量形态和股价都已经成型后（回调缩量后）又放量上涨时，重仓买入。

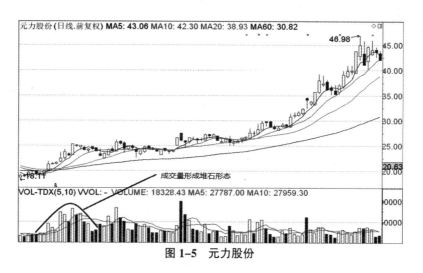

图 1-5　元力股份

2016 年 5 月末，沉寂已久的创业板上市公司元力股份（股票代码：300174）突然放量，连续怒拔长阳（见图 1-5）。从成交量图可以看到，形成了明显的堆石形态。之后股价开始反复震荡，并在 60 日均线附近企稳回升。7 月初，股价再次放量突破，开启了波澜壮阔的拉升行情。

第三节　大牛小步

　　股市中的人几乎都喜欢黑马股，这反映了投资者希望尽快成功的急切心态。我们前面讲到的鹅头形态就是专门逮黑马股的，后面也要讲一些超级黑马的捕捉方法，比如连续涨停。黑马股的特点是快，但很难长期持久。

　　黑马股上升的主要原因是短庄的运作与重大题材的完美配合，但黑马股毕竟是非常罕见的。并不是像很多股神吹嘘的那样，明天送给你十匹黑马股。那是他忽悠你。黑马股那么多，他怎么不去逮？他送你的多数是死马、瞎马、瘸马、呆马，还有一匹能走的，立刻就捧出来吹，还没有吹完，能走的马也"趴窝"了。投资者不能抱有别人免费为你推荐好股票的想法，以避免陷阱。在实际投资中，切记要用自己的方法来调查和思考，并且多学习实用知识以增强自己的研判能力。

　　对于黑马股要一颗红心两手准备，有则必捉，无则备战其他大牛股，一样可以盈利颇丰。

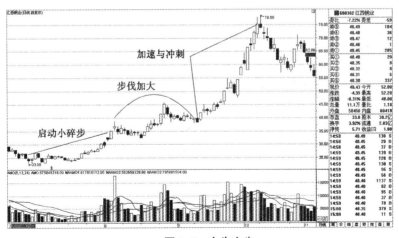

图1-6　大牛小步

大牛股是指那些经历很长时间的连续大幅度上涨的股票。经过仔细统计，你就会发现，其实大牛股还是不少的。大牛股的特点是不温不火，按照自己的节奏稳步上扬，走势特立独行。一般这些股票都是热门行业龙头股票。

大牛股的走势有非常明显的三个阶段（见图1-6）：第一阶段，启动时K线零星细小，几乎在同一个价位持久演进，像小碎步；第二阶段，K线实体逐渐变大，上下震荡的幅度也相对加大；第三阶段，股价加速上涨，K线出现跳空上扬和连续抽出大阳线。一旦上涨速度变慢，则主要行情完结。

在实战中，投资者还应该特别注意成交量的变化。大牛股必须伴随着成交量的活跃，这是大牛股能够产生的坚实支撑。随着股价的上涨，成交量也不断放大。在每一次阶段换挡时期，即调整期，股价也温和缩量，但总体成交量必须维持在较高水平。

在K线呈现出零星小线体的时候，下方有5日和10日均线支撑最佳。

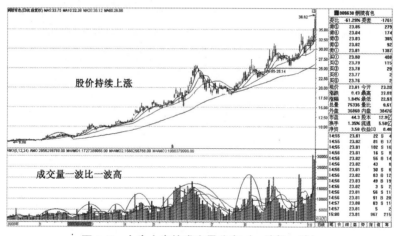

图1-7　大牛小步的成交量分布（一浪推一浪）

大牛小步的操作非常简单：在成交量温和放大、股价在均线上方停稳后买入。

在第三阶段冲刺、成交量不再连续放大时卖出，或者结合其他经典K线转折信号卖出，如高位长十字星。

大牛股的操作简单，但是收效大，是稳健操作者的拿手利器。如果你在市场上很难发现大牛股的启动形态，那就说明，你所处的市场状况还不是大牛市，那你就需要空仓等待或者以短线操作为主。

第四节　如何抄底

2007 年 11 月 5 日，是中国股市历史上一个不平凡的日子。这一天，一个巨无霸级的龙头上市公司——中国石油登陆 A 股。在亿万投资者的心目中，中国石油是一个神话，是亚洲最能赚钱的公司，而这个认识多数也是从世界股神巴菲特的传奇投资故事中得来的。当日，中国石油开盘价格为 48.6 元，开盘即遭到各大机构的集中抛售，价格猛烈下滑，当日收盘 43.96 元，换手达到 51.58%，成交 700 亿元。从此，中国石油开始了令投资者难以置信的下跌。仅一个月跌幅就接近 40%，套牢盘上千亿元。中国石油的下跌进一步加速了大盘的下跌，甚至使大盘进入下降通道。很多投资者不明白，为什么亚洲乃至全世界最能赚钱的公司，却让自己亏损得如此惨重？

中国石油亏钱的主要原因是，没有考虑成本价格。比如，一头最能产奶的奶牛，有 5 年的盛产期，预计 5 年产奶总价值为 5 万元。而你为了买到最能产奶的奶牛，支付了 50 万元，你必定要亏损惨重。中国石油上市的价格为 48.6 元，根据其财务报表提供的每股收益数据得出其市盈率为 60 倍左右。60 倍！当时，与中国石油业绩相当的中国石化的市盈率只有 30 倍左右。60 倍市盈率的普通解释是，按照公司目前的运营效率，如果单靠公司运营来收回成本，需要 60 年。你投资给它不是浪费时间吗？中国石油让投资者交足了学费。

血的教训使投资者意识到，再好的股票都会亏钱。因为除了选择股票之外，还要选择好买卖点，才能够获利。其实，选择买卖点是证券投资界一直在研究的核心课题。一方面要尽量在低价买入，另一方面要尽量在高价卖出，以获取最大化的投资收益。本节只讨论买入点的问题。

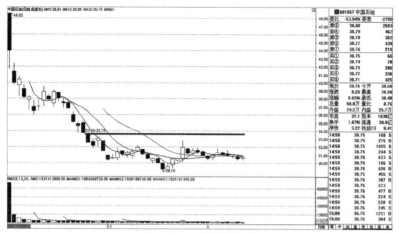

图 1-8　中国石油走势

怎样在低价时买入？投资者不约而同地想到了抄底。可另一个问题又出来了：底在哪里？很多投资者尝试去抄底，但是亏损惨重。网络上甚至流传着这样的抱怨："抄底抄到地板了没想到有地下室；抄到地下室了没想到地下室还有地窖；抄到地窖了没想到还有地壳；抄到地壳了没想到还有地狱；抄到地狱的打死也没想到地狱居然有18层！"

为了解除这种困惑，本节专门讲解如何抄底。实际上，抄底的风险是非常大的，它在一定程度上违反了顺应趋势的操作原理，成功的概率较低，且相对收益较低。这里的底，不是一般的波段底部，而是大趋势转换的关键时刻（纯粹从技术上说，是没有底也没有顶的。所谓的底部不过是相对的低点，顶部不过是相对的高点。但是由于上市公司的支持和政府的扶植，股市中还是有底的，这就是股票的底牌，即股票中某段时间内不可能被跌破的价位）。所以，笔者首先建议投资者，如果不是对技术分析特别娴熟，不要轻易抄底。

下面我们介绍一些抄底的实用技巧。这些技巧是纯粹从实战中得来的，它不是异想天开的理论，而是借助于实实在在的股市规则和股市运行规律，经过多次试验得来的。

一、不是所有的底部都能抄

经过多次验证，能够抄的底部有如下特点：

（1）公司业绩优良，基本面没有发生恶化质变。业绩是股票炒作的根本。

（2）跌幅至少为 40%，否则，难以言底。或者，股价接近净资产。在深度下跌后，一般将有庄家开始接庄。而如果股价接近净资产，则不必担心股价大跌，大股东会支持局面，但前提是满足第（1）条。

（3）K 线出现明显的减速迹象，即下跌幅度越来越小或出现横盘。同时，成交开始逐步放大。因为资金才是推动股价上涨的直接原因，没有成交量的放大，谈不上底部。

只有以上条件同时满足，才能够具备运作的客观条件。

二、抄底的买入技巧

在满足以上三个条件的情况下，可参考如下交易技巧：

（1）在放量股价止跌后，结合其他技术分析，在收盘前 5 分钟或者 3 分钟内买入。

这是借助交易规则有效保护自己。最后几分钟的时间，即使跌，也不可能有多大空间。这样，你就只有 3~5 分钟的被动时间，第二日你就可以有卖出的主动权了（T＋1 交易规则）。如果判断失误，你可以立刻出局。

（2）股价在低位均线附近持久横盘，并出现持续放量，买入。

横盘是局势得到控制的表现。低位持久横盘说明已经有足够的买方力量在支撑股价。一旦后续资金跟进，则上涨近在咫尺。

（3）分步骤、多批次买入。

在没有充分把握的情况下，应将资金分成几部分，然后试探性地先买入，如果没有太大问题，则逢低吸纳，以寻求最佳买入成本区。

（4）量价同时出现金叉，买入。

这种买入方式比较可靠。当然，你也可以结合其他经典的底部图形买入，如双底结构、潜伏底结构等，但是，真正等到出现这些形态的时候，往往已经错过了一大段涨幅。

三、抄底一定要设定好风险准备，宁可错过，不可冒进

（1）抄底资金不能够全仓杀入。如果真是底部，那么之后的上涨波段必定涨幅巨大，还有足够的买入机会，因此也就不必非要在此时急于全仓买进。

（2）设定好止损价位。如果超出你的控制范围，马上清仓。留得青山在，不怕没柴烧。

不要听信毫无技术含量的方法或那些根本不懂实战的所谓分析师的推荐。关键时候，胜者为王。

抄底举例：

受大盘的强势调整影响，湖北宜化（股票代码：000422）也走出了下降通道的态势（见图1-9），连绵2个多月，跌幅达40%左右。湖北宜化地处长江沿岸的湖北省宜昌市，是一家化工、化肥类龙头企业，效益优良。而据其价格估算，该股市盈率只有20倍左右，明显被低估。进入12月，该股价

图1-9　抄底——湖北宜化

格止跌，并出现了持续放量，量价都形成了金叉，出现了绝佳买点。之后，该股放量上涨，同样 2 个月，量价齐创新高。

第五节　如何逃顶

从某种程度上说，逃顶比抄底更加重要。但是，包括很多基金公司等机构投资者在内的广大投资者，却鲜有能够胜利逃顶的。其最主要的原因是，贪婪的本性和软弱的市场生存能力。其实，逃顶本身就是关乎生死的大本领，如果连生存的本领都没有，何谈盈利？可能出乎您的意料，其实最高超的逃顶技能绝对不是列举理论、研究历史、充分探讨、举手表决。等你表决完了，行情也跌下去一半了。真正的高超技能非常简单直接、出手必杀。

我们把逃顶的技能总结为"三大纪律，八项注意"，记住它就能够帮助你有效地逃顶。不敢说百分之百，试试它的威力吧。

一、三大纪律

（1）股价创新高而成交量没有创新高，并出现缩量趋势，先卖出一半再说。

（2）在急速拉升后，高位出现十字星、大阴线（或者带长上影线的阴线）或双顶、头肩顶等经典头部信号，并且伴随巨量，卖出。此时关键是能不能下定决心卖出。

（3）在股市火爆时，中央银行财政政策多次调控失灵，抓紧时间，择机卖出。此条尤其适用于预测大盘。

二、八项注意

（1）逃顶是逃顶部而不是逃顶点，不要指望卖到最高价格。

（2）胜败为次，生存为先。逃顶是解决生存的问题，发展的事情以后再想。

（3）注意同行业其他股票的走势。同行龙头股票率先大跌，其他股票很难独善其身。

（4）不要轻信机构的估值。关键时候，机构首先叛变市场。

（5）密切关注时势。国内外社会、政治、经济形势趋向恶劣，会波及股市时，及早撤退。

（6）雪崩式股票什么时候出来都是对的。从最高位跌下来的股票，真正跌幅往往会出乎你的意料。

（7）未雨绸缪，提前防范。高处不胜寒，当谨慎为要。提前设定好逃跑计划。60日均线是最后生命线。

（8）忍耐短线诱惑。卖出后股价反弹，不要心动。手痒斩手，脚痒砍脚。许多投资者本来已经成功出逃，可诱惑于小利，重回股里，结果正好套在历史最高位。春去秋来，兢兢业业，在巅峰之上为股市站岗放哨。

三、逃顶举例

1. 全通教育

2015年5月，号称中国网络教育第一股的全通教育，借助疯狂的牛市创出了其历史最高价位99.98元（前复权价）。但是，在股价不断走高的过程中，成交量却不断萎缩，形成明显的背离走势。此外，在创出历史最高价99.98元的当日，股价大幅震荡，成交量骤然变大，当日收出一条带长上影的阴线。顶部信号非常明显！从此，全通教育飞流直下三千尺，开启了财富毁灭的过程，四个月时间市值蒸发80%！

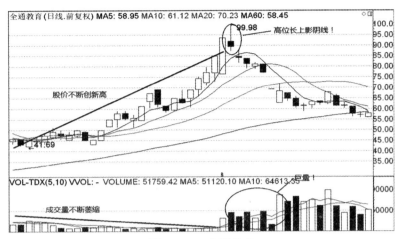

图 1-10A　全通教育

图 1-10B　全通教育的大顶部

2. 民和股份

2016 年，处于景气周期的民和股份得到资金的追捧，实现了大幅上涨。7月开始，股价震荡幅度加大，并且两次出现长上影大阴线并伴随杂乱的成交量。从 K 线图形看，已经形成了比较明显的双顶结构。之后，股价很快击穿 60 日均线（一般认定为牛熊分界线），破位下杀，半年时间股价打了 5 折。

图 1-11　民和股份

　　把复杂的事情简单化，就是大智慧。把简单的事情复杂化，就是作茧自缚。不用去研究太高深难懂的理论，把自己本来还清醒的头脑搞得一塌糊涂。熟练记忆我们的"三大纪律，八项注意"，就能安全地逃顶了。

　　本节讲到了逃顶的大致时机和方法，是一项投资战略。而战术层面上具体的买点还要结合我们讲到的其他交易技巧。

第六节　上升通道类股票的特点及其应对策略

　　证券市场是"仁者见仁，智者见智"，永远有无穷无尽的奥妙和探之不尽的学问。自从有了股市，收益最大化的研究就从未停止。前面讲到抄底逃顶，就是其中一种思路。但实际上，抄底逃顶却不是波段投资者首选的投资理念。因为底部和顶部的判别花费精力大，而且准确率和收益率都不是最高的。准确率最高的操作方式是顺应趋势，这也是我们的资金管理准则里最核心的内容。

　　顺应趋势的特点是，只做处于上升趋势中的股票。或者说，在上升趋势形成后买入，在上升趋势出现结束信号时卖出。

　　为了让投资者清楚为什么抄底逃顶不如顺应趋势的效益高，我们举例说明。假如一头奶牛的寿命是10年，前2年是培养期，中间5年是牛奶盛产期，最后3年是衰竭期。现在你的农场需要最大化地产奶，以供应市场的需求。在资金有限的情况下你会购买处在培养期的奶牛、盛产期的奶牛还是衰竭期的奶牛？毫无疑问，答案是，选择处于盛产期的奶牛。因为盛产期的奶牛能够保证最大化地产奶，而且有持续性。而在培养期的奶牛短期难以产出充沛的牛奶，它还需要培养和观察。衰竭期的奶牛，虽然原来能够产奶，但却没有好的持续性，应该从产奶队伍中剔除。所以，你真正使用的牛奶是来自盛产期的牛奶。

　　现在，沪深两市的所有股票都是你的奶牛。它们处在不同的时期：有的是培养期，即底部；有的是盛产期，即上升趋势中；有的是衰竭期，即头部。你现在需要的是最大化地产奶——盈利，那么你会选择处于底部的"培养期的奶牛"，上升趋势中的"盛产期的奶牛"还是处在头部的"衰退期的奶牛"？答案很显然，你会选择处于上升趋势中的奶牛。当然，前提是你对"奶牛"所处的阶段有比较准确的把握。关于底部和头部的论述，本书已经不止一次地讲到了，请您仔细阅读相关的章节。

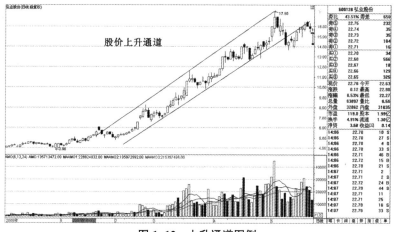

图1-12　上升通道图例

上升趋势中最典型的走势是上升通道。上升通道指的是股价形成上升趋势后，其各波段最高点连线和各波段最低点连线构成两条向上倾斜的平行线。股价就在两条平行线构成的通道内震荡上涨。这个通道就是上升通道。上升通道类的股票，一般都是大牛股。

做上升通道类的股票，对于一般的波段投资者来说，是事半功倍的事情。第一，不用你去找底部了；第二，也用不着太担心顶部的到来。因为趋势是可以延续的。趋势延续的概率比转折的概率要高得多。

一、上升通道类股票的特点

（1）上升通道的上轨是波段压力线，下轨是波段支撑线。股价遇到压力线会自然回调，遇到下轨会自然反弹。

图 1-13A　压力和支撑：美克股份

（2）从均线系统来看，上升通道的均线排列非常顺畅，呈现出典型的多头排列。一般 20 日均线会起到通道下轨的作用，60 日均线是上升通道的终极支撑。最强势的上升通道是 5 日均线直接在 10 日均线上平行向上拉升。

（3）上升通道的持续，需要成交量持续放大为必要支撑条件。

（4）上升通道类的股票一般涨速均匀，若出现加速上涨行情，表明上升通道接近尾声。其结束标志一般高位有典型的 K 线转折信号，如十字星、大阴线等。

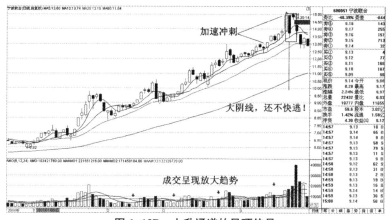

图 1-13B　上升通道的见顶信号

二、关于上升通道类股票的操作指导建议

（1）股价在下轨附近止跌回升，买入；在上轨滞涨回调，卖出。

（2）股价跌破下轨，卖出；股价冲破上轨，则不必着急卖出。一般股价突破上轨正是上涨最快的时段，即冲刺阶段，但应该随时注意变盘。

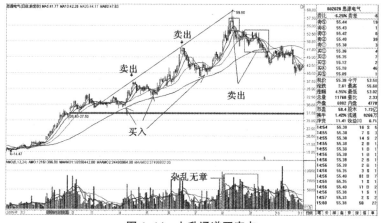

图 1-14　上升通道买卖点

（3）高位出现经典的 K 转折信号，如十字星或大阴线等，并伴随大成交量，应该迅速卖出。

（4）涨时放量、跌时缩量是上升通道的健康表现。若正处于一波上升时，成交量呈现缩小趋势或杂乱无章，应该时刻警惕。

上升通道类的股票一般是行业景气度较佳、成长性优秀的上市公司股票。投资者应该多关注党的政策和国家重大发展计划，将国家重点建设项目进行归纳整理。在这些重点建设项目中对受益的上市公司专门进行跟踪。一旦有异动，出现我们需要的积极信号，则迅速参与，体验中国经济增长带来的财富和乐趣。投资中国，是一件充满惊喜的事情。

第七节　阴阳对比研判股市风向

头部和底部的信号一般都比较容易把握，但真正到了趋势中，要提前知道股市变化，不是那么容易的事情。所谓"春江水暖鸭先知"，有些股市中的神秘高手就传授了这样一个判断风向的诀窍：阴阳对比。其中的道理质朴而真实。

阴阳对比有四种情况：阳多阴少，阳长阴短，阴多阳少，阴长阳短。阴阳平衡多数是在整理，此处不做讨论。在四种阴阳对比情况中，前两种大致可以判断行情看多，后两种可以判断行情看空。

股市中有很多理论用来研究股市的走势，但多数理论把一个实实在在的理论忽略了，那就是，阳线几乎是上涨的代名词，阴线几乎是下跌的代名词。阳线的长短几乎是涨幅的标尺，阴线的长短几乎是跌幅的标尺（阳线并不完全等同于上涨，阴线也并不完全等同于下跌）。

股价上涨必然伴随着重心的不断上移，则阳线必然多于阴线，阳线必然长于阴线，至少两者必居其一。同理，股价下跌必然伴随着重心的不断下降，则阴线必然多于阳线，阴线必然长于阳线，至少两者必居其一。所以，当没有底部和顶部做参照时，就需要用 K 线本身来研判股价走向。阳多阴少、阳长阴短则股价处于上升趋势；阴多阳少、阴长阳短则说明股价处于下降趋势。由于阳线和阴线是用红色和绿色来表示的，所以，在 K 线图上非常直观地反映了阴阳对比情况，只需要看看红颜色和绿颜色的比率就可以了。

（1）阳多阴少、阳长阴短是上涨的主旋律，如图 1-15 所示。

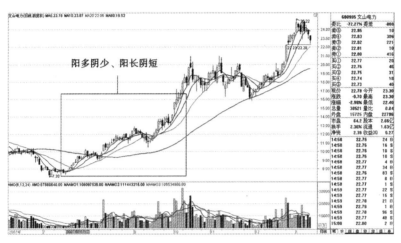

图 1-15　阳多阴少、阳长阴短

（2）阴多阳少、阴长阳短是下跌的主旋律，如图 1-16 所示。

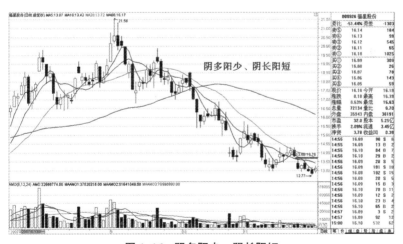

图 1-16　阴多阳少、阴长阳短

（3）成交量的阳多阴少、阳长阴短甚至比 K 线更有指导作用，如图 1-17 所示。

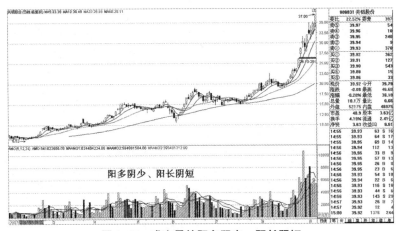

图 1-17　成交量的阳多阴少、阳长阴短

（4）成交量的阴多阳少、阴长阳短也比 K 线更有说服力，如图 1-18 所示。

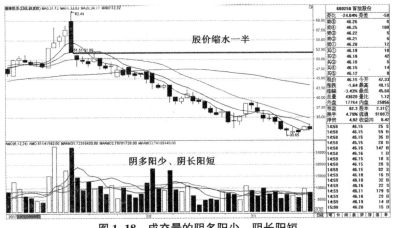

图 1-18　成交量的阴多阳少、阴长阳短

在持久的上升和持久的下降行情中，使用技术指标往往会出现偏差失误，而阴阳对比这个简单直观的方法却非常有效地告诉你现在的走向。当你

买进后，你可以用阳多阴少、阳长阴短来稳定自己的情绪，直到出现卖出信号。反之，你遇到了阴多阳少、阴长阳短的 K 线走势，要多加小心，实在没有把握，就尽早撤离。

某只股票出现了阴多阳少、阴长阳短的走势，成交量也出现这种态势，是预警信号，应提高警惕。

在所有的 K 线语言中，几乎所有人都忽视了 K 线本身的作用，而偏颇地去研究高深难懂的理论，如形态。只要你发挥想象力，你可以给予 K 线图中的每一部分一个美丽的称呼，还自我陶醉于这个创意。但形态往往是似有形却无形，很少有几个投资者能够真正在只学形态的基础上盈利，关键在于基础没有扎牢，比形态更为基础的是 K 线本身。

第八节　低价与低价位

在实战中，很多投资者愿意选择低价股，这似乎成了一种本能。而实际上，以低价为选股原则的人很难有大的获利，反而往往亏损惨重。这么便宜为什么还要下跌呢？这里就有一个低价与低价位的区别问题。

低价是指股票的绝对价格在总体的市场上处于较低水平。比如，市场上股票的平均价格在 30 元，那么 10 元的股票就是低价股。

低价位是指股票的价格相对于上市公司的业绩处于相对较低的水平，即性价比高。比如，上市公司的平均市盈率为 50 倍，而动态市盈率为 10 倍的股票就是低价位股票。从某种程度上说，价位才是股票价值的体现。

从两者的定义可以看出，低价和低价位有着非常明显的不同。在一定程度上股票的价格对盈利没有影响，而股票的价位（相对价格）却对盈利有至关重要的影响。因为股票主要的目的是差价套利，差价套利就是在相对低的价格买入，在相对高的价格卖出。

下面我们来分析究竟是价格还是价位对于收益的影响更加强烈。

现在有两只股票：股票 A 和股票 B。股票 A 的价格为 5 元，股票 B 的价格为 10 元。现在有 100 万元的资金要投资，则有两种选择，即 20 万股股票 A 或者 10 万股股票 B。

对于 5 元股来讲，只要股价跌 3 元，你就损失 60% 的资金，即 60 万元。这没有任何疑问。

而对于 10 元股来讲，即使损失 5 元，也只是 50%，即 50 万元。显然，投资所谓便宜的股票 A 损失更多一些。

所以，看股价能不能涨以及涨多少，不是看价格，而是看涨幅百分比。之所以有人选择 5 元股，是因为他们认为 5 元股和 10 元股都会涨到同一个价位，而便宜股的股数多一些，因此，判定便宜股盈利多一些。这根本就是不合逻辑的想法，鸡蛋永远都不可能涨到鸡的价格。

那么，如何选择价位低（或者说性价比高）的股票呢？这需要参考动态市盈率来判断。在相同的价格下，动态市盈率低的股票就是"低价股"。在相同的动态市盈率条件下，则可自由选择股票价格。

市场上通用的市盈率有非常大的误区，不要轻信，要自己亲自估算动态市盈率。估算办法见股票基础书籍《新股民快速入门》。

另外，需要注意，很多股票是经过除权后价格降低了的。这种股票在投资时应该进行复权，再综合做出投资决策。比如，一只股票股价为 30 元，

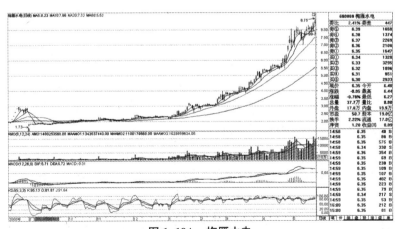

图 1-19A 梅雁水电

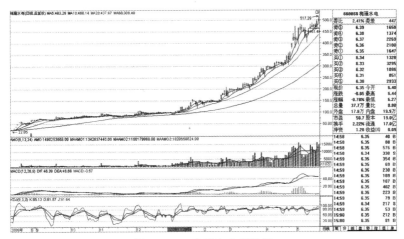

图 1-19B　梅雁水电复权后

但经过复权，其价格是 300 元；另一只股票虽然是 60 元，因为没有经过除权，所以，其价位仍然是 60 元，只是前者价位的 1/5。建议投资者多看一下股票的复权图和周线图，以了解股票的实际价位。

第九节　新股炒作技巧——寻找主力生命线

当一只蚊子落到你的头上，你敢一枪打死它吗？

一般新股上市后，投资者往往无法从技术上去研判，没有均线系统、技术指标去参考。怎样才能够抓到大牛股呢？下面就给您提供一个非常棒的套利模式，那就是寻找主力生命线，希望你好好揣摩。

下面就让我们看看，在实战中，主力是如何对待自己的生命线的。

一、我们来看两只股票

信立泰于 2009 年 9 月 10 日上市流通，连续三个交易日跳跃式拔高，换手率巨大。而后一个月，股价都处在震荡整理之中，从 10 月中旬开始，放量向上突破，仅用了半年时间价格就突破了 200 元（见图 1–20）。

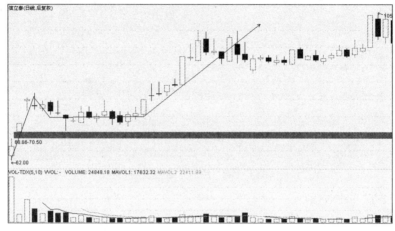

图 1–20　信立泰

壹桥苗业上市开盘价 38.01 元，连续两日上扬，从第三日开始回调，也是一个月整理，之后迈步上扬，一个月时间涨到 125.82 元（见图 1–21）。

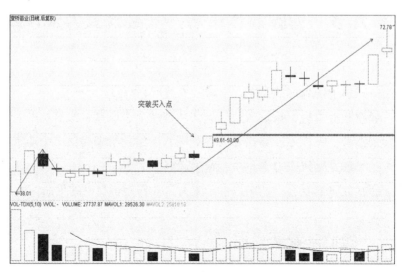

图 1–21　壹桥苗业

通过这两只股票，我们会发现什么规律？两只大涨的股票有什么相似之处？

首先，开盘后连续2~3个交易日处于上扬状态，重心不断抬高，而换手率也非常大。其次，都有一段回调和整理的时间，并且股价在整理的过程中从来没有向下突破创新低价格。并且，调整完成后都有一个向上放量突破的动作。

我们都知道，一般新股上市首日，换手率都是最高的。如果是主力买进，那么，后市上涨的可能性就非常大了。我们怎么知道这一天是主力在买进呢？从第二天来看，一般股票还能继续上扬，并且换手率较大，就加强了这种可能性。但这仍然有很大的偶然成分，我们需要进一步验证。怎么验证？看从第三日以后，股价开始回调整理，但是整理的最低价格从来没有低于开盘后前三日的最低价格，特别是开盘首日的价格，连续两周到一个月都不能向下突破这个价格，一直在开盘最低价之上震荡徘徊，用到我们的常识，这个价格一定是得到主力极力护盘的价格，为什么护盘？因为这就是他的生命线、成本线。散户不可能持久地维持一个价格。

二、画出龙脉的准确位置——画线工具的使用

（1）在开盘后，出现连续2~3个交易日上扬（注意，是上涨，连续上涨）的股票，在之后的回调中，如果在一段时间的震荡中，股价在一个价位附近止步，把在震荡期间的两个最低点连线，这条线就是主力的生命线。

（2）同时，取震荡期间的两个最高点，连线构成主力的压盘线。主力为什么还要压盘呢？因为，如果股价涨得过快，一般意味着散户抛的位置越高，主力的压力就会越大，要达到目标耗资就会越多。所以，主力在压力线之下成本线之上和散户打消耗战，一般经过折腾，散户就经不住寂寞和忍耐，最终多数人会丢掉筹码。散户就是三分钟热度的典型。

三、套利模式

在顺利找出主力的生命线和准确画出后，我们就能直观地判断和从事套利了。在主力的生命线附近跳舞，主力可是一般不敢大动干戈的，除非你大规模买进威胁到主力的控盘地位，否则，主力一般都漠然视之。如果他这个时候选择破位打压，往往可能引发恐慌性抛盘，股价快速下跌，很有可能造成别的主力趁机在更低价位建仓，从而威胁到他的地位和利益（别的主力只要在低位接到筹码，到老主力成本线附近就可以大摇大摆地卖出，而老主力这个时候毫无办法，眼睁睁地被人割肉）。

知道了主力的成本线、生命线，并不能就立刻获利。我们要节约时间的话，最好的买入点，就是当股价突破主力的压力价。因为这个价格被突破意味着主力已经完成洗盘的目的，开始了拉升环节。一般这个压力价是开盘前三个交易日的最高价（主力不可能只是"解放军"，他们让前期高位筹码解套，肯定有更大的目的）。

卖出时机：这种运作涨势迅猛，一般都会有较大幅度的上扬（100%以上并不少见）。如果股价在高位出现了分时图宽幅频繁震荡，K线图表现出带长上影长下影的螺旋桨形态（特别是阴线），换手率在10%以上，你就要小心了，主力已经开始了大规模出货。

第十节　板块联动淘金

2007年10月，大盘处在从6124点下跌的强势调整中，江苏开元却逆势在底部发动了绝地反击的行情，连续拉出四个涨停板，并且成交量骤然放大。这在当时跌声一片的沪深两市赫然醒目。此时，与江苏开元一样赫然醒目的还有一只股票，那就是沙隆达。仔细观察发现，这两只股票的走势有着惊人的一致，甚至可以说是同一只股票的复制。

这就是板块联动行为。板块联动形成我国股市的一大景观。通常具备联动特点的板块分为三类：行业板块、地区板块和其他特殊概念板块。其他概念如3G概念、流通盘相似等概念。从这点来看，江苏开元和沙隆达的联动就属于特殊概念中的流通盘相似、价位相当。江苏开元总股本为5.16亿股，流通盘为2.68亿股，低位启动时价格为7.39元。沙隆达A总股本为5.94亿股，流通股为2.42亿股，低位启动时价格为7.25元。

图1-22A　江苏开元的日K线图

图1-22B　江苏开元的分时图

当板块中的一只领涨股票走出某种形态时，另一只或者几只股票尾随，并走出相似的行情，尾随股的分时走势几乎是领涨股的后推版本。掌握了这个规律可以非常准确地从这些参与联动的个股中淘到金子。

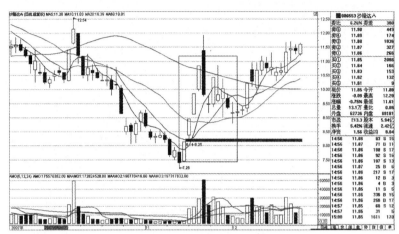

图 1-23A　沙隆达日 K 线图

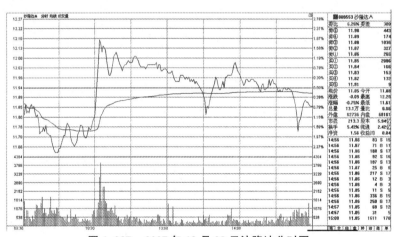

图 1-23B　2007 年 12 月 28 日沙隆达分时图

影响板块联动效应强弱的因素很多，常见的有以下几点：

（1）板块联动效应是一种市场现象，即这些股票不但处于同一个板块，而且这些板块中的个股还具有相似的市场认知程度和活跃程度。比如，因为资产重组而形成的相关个股的联动。在中国铝业公布了吸收合并包头铝业的方案后，两只股票明显出现了板块联动的效应。需要注意的是，板块是可以被市场制造的。当若干只具有相同特点的股票被市场高度认可时，这些板块就会被赋予新的板块名称。而这些板块的联动也可以被市场上的资金制造出来。

（2）板块联动还与板块规模有关。目前，沪深两市的市值规模已经非常庞大，而市场热衷于板块炒作，与市场资金的相对不足有很大的关系。在资金不足的情况下，能活跃市场、形成成功炒作的方法就是把资金投向一个相对封闭的小范围。板块提供了这个小范围。显然，板块规模较小，形成轮作上升所需的资金也较少，人气的集聚也会较容易。一些行业板块和地区板块难以形成联动效应，就在于其规模太大了。

（3）板块联动与板块的长期利好也有重要关系。一些具有板块联动效应的个股之所以涨势汹涌，是因为该板块个股面临着一个共同的利好。比如航空类股票的板块联动，就是人民币升值的长期利好造成的。

板块联动一般是主力资金频频现身的地方。利益集团之间或同一利益集团之间进行联手操盘，相互呼应，操纵市场。

下面是几个常见的板块联动个股：

参股券商：辽宁成大、吉林敖东。

参股期货：厦门国贸、新黄埔、美尔雅。

铜业：云南铜业、江西铜业、铜陵有色。

航空：中国国航、东方航空、南方航空、海南航空。

创投概念：紫光股份、力合股份、大众公用。

铁路：大秦铁路、广深铁路。

水务：首创股份、兴蓉投资。

铝业：中国铝业、焦作万方。

黄金：山东黄金、中金黄金。

母子公司：中国石化、上海石化。

股本金相似：丽珠集团、健康元。

值得注意的是，以上的个股顺序有时是可以变化的。比如，航空股，有时中国国航领涨，其他个股尾随，但有时是东方航空或其他个股来领涨。多数时候是龙头股来领涨。

投资者在实战中应该多加留心，可以发现不断有新的板块联动个股。踏准了节奏，不但可以做短线，更可以做波段。

短线的做法是，看着龙头股做第一尾随股。龙头股开始启动时，在低位介入第一尾随股。在龙头股回调时，在高点卖出第一尾随股。这是一种保守和安全的办法，对于低风险套利爱好者是屡试不爽的短线投资宝典。

波段的做法是，当看到同板块个股龙头开始展开主升浪时，迅速介入龙头股。这是因为，龙头股具有最高的人气，一般升幅更大。还有一个更主要的因素，既然主力决定发动板块联动行情，那就不会是小规模的短线运作，而是有相当前景的波段或者中长线运作。所以，抓住龙头股，比次级尾随股要好得多。当龙头股增速持续放缓，甚至落后于次级股时，应提高警惕，结合波段操作的其他技巧卖出。

一、短线案例

看东方航空做中国国航。

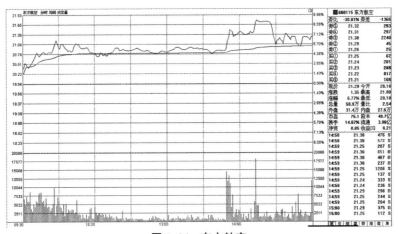

图 1-24　东方航空

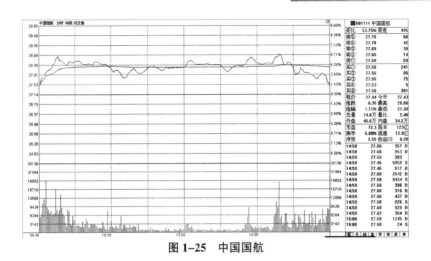

图1-25　中国国航

　　图1-24、图1-25是同一天东方航空和中国国航的分时走势图。从图中可以看出，在这段时间，东方航空起到了领涨的龙头作用（这主要是因为基本面的一些特殊利好造成的）。其他航空类股票走势也都不错。第一尾随股是中国国航。对于持有中国国航的短线投资者来讲，通过东方航空盘中10：00和14：15提供的两次大高点，可以获国航在这两个时段的卖出最佳时机。因为东航的走势大约先于国航30秒钟，所以，当东航的分时已经弯钩向下时，国航还在冲刺中，这个时候挂卖单直接抛掉，正好卖在最高位置。而如果是短线买入，东方航空在10：30提供的回调机会也可以为国航提供一个低位买入的机会参照。当看到东方航空从低位又开始放量上冲时，国航还在下跌中，此时挂单买入，则刚刚买在最低位。当然，当日由于大盘尾盘的跳水，东航和国航都受到了强大卖盘的冲击，尾盘回调。但这样的买入也为投资者提供了一个压缩成本的机会，至少也是一次相对成功的买入。

　　为了在最高点卖出，投资者可先填好卖单，等看到领涨股回调，而本股盘口右下角的成交显示已经有主动性卖出的时候，迅速按回车键卖出。填单时，卖出价格应该填得低一点，这样不会影响卖出的价格，主要是为了迅速卖出。

　　为了在最低点买入，投资者可先填好买单，等到领涨股从低位向上爬升，而本股盘口右下角的成交显示已经有主动性买入的时候，迅速按回车键买入。填单时，买入价格应该填得高一点，这样同样不会影响买入的价格，主要也是为了迅速买入。

二、波段案例

看丽珠集团做健康元。

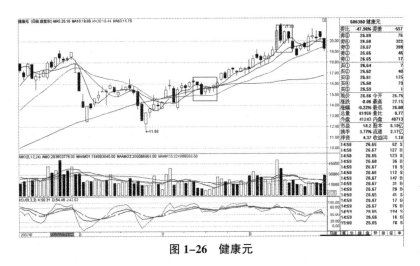

图1-26　健康元

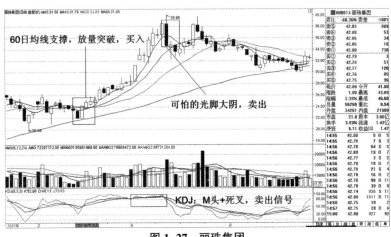

图1-27　丽珠集团

　　健康元和丽珠集团的走势颇为类似，两者的均线系统几乎一致，只是丽珠集团的走势强度要好于健康元。2007 年 7 月 17 日，大盘相对较好。丽珠集团下午率先发动行情，开始放量强劲拉升。而此时的健康元，由于丽珠集团的带动，也在下午展开放量拉升，不过，终究乏力，涨幅也小于丽珠集团，显示出丽珠集团的低位相对突出。

　　看两者的 K 线系统，都是处在均线黏合的特殊时期。出现放量大阳线，是积极的上涨信号，从而判断接下来将会有更加精彩的联动行为。当机立断，买入领涨股丽珠集团。

　　当日，丽珠集团又经过了一波拉升，在尾盘封住涨停。之后，丽珠集团加速上扬，但看着健康元还在爬升，说明板块联动有效。到了 8 月 9 日，丽珠集团的涨幅为 0.81%，同日健康元却有 3.01% 的涨幅。次级股超越领涨股，应该警惕。8 月 10 日丽珠集团涨幅仅为 5.16%，而健康元却大涨 9.34%。密切关注盘面，8 月 13 日，丽珠集团开盘就下跌，抛盘猛烈。结合当时的价位和 KDJ 等指标的卖出信号，果断卖出。当日，丽珠集团收了一根光脚大阴线，几近跌停。而健康元却只跌了 4.15%。说明波段结束信号有效。接下来的几个月，丽珠集团都处在震荡和下跌的过程中，毫无生气。

　　板块联动为我们提供了一个可靠的参照。仅仅十几个交易日，就获利40% 以上。

第十一节　不规则整理形态

　　股价不可能永远上涨，再牛的股票都有调整。整理就是休息。只不过有的股票休息完了会更加精神抖擞地上涨，有的股票却一休息就松垮下来。因为整理行情本身是难以获利的特别区间，所以很多"专家"忽略了对它的深入理解，这也反映了一种浮躁的投资心态。同样是一条干涸的河道，有人弃之曰此地无水，而有人深入挖掘得获甘泉。整理行情也是一样，虽然其本身难以获利，但是我们通过整理行情的特点，可以挖掘到具备巨大潜力的股票。

很多股票书上也有一些关于整理的论述，不过，很少有人对整理做过系统的总结和反思。哲学上注重研究问题要遵循从个别到一般的规律，而推广应用则遵从一般到个别的规律。我们这里就是要研究某些个股的整理，从而总结出整理行情的特点以及应对操作策略。而投资者，则要将这些一般规律应用到投资中去，以获取丰厚的收益。

绝大多数投资者对于整理的理解不过是几种所谓的经典的整理形态，比如，三角形整理形态、矩形整理形态、旗形整理形态等。

但是，在很多大牛股中没有见过经典的整理形态，股票仍然涨势汹涌。但它们和经典的整理形态拥有如下共同点：

（1）振幅越来越小或者保持一致。

（2）成交量逐步缩小到地量。

（3）向上突破时都要放量。

这几个共同点就是整理行情的主要特点。所以，在遇到以上特点的K线走势时，应当密切关注。一旦向上突破有效，则迅速介入。休息后的股票涨起来更加轻快。

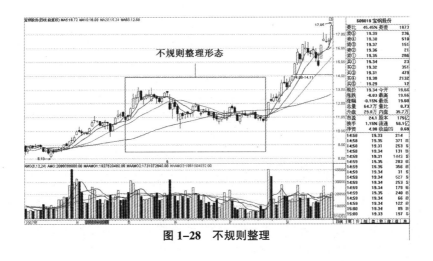

图1-28　不规则整理

根据以上特点，我们还可以找出很多其他整理形态。比如，一字形整理。一字形是比较常见的中短线庄家采用的整理方式。这些庄家实力强悍，性格张扬躁烈，做事情讲究一气呵成，因此，股价只维持短暂的横盘整理，胆小者高处不胜寒就会主动退却。整理之后，就会直接到达目标价位。

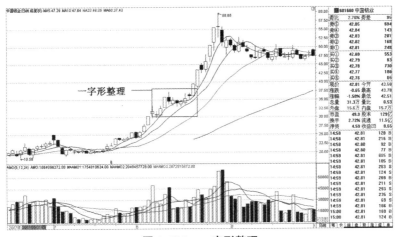

图1-29A　一字形整理

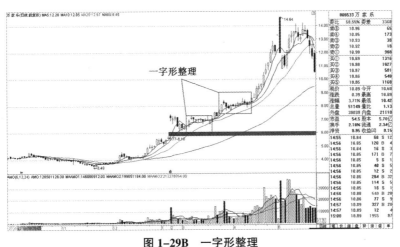

图1-29B　一字形整理

对于低位买入持有股票的投资者来说，遇到小幅度整理行情可以持有或者卖出一半。而对于还没有建仓的投资者，则必须等到突破时才能买入，否则是耽误时间。

第十二节 当心高位分红诱饵

对股东来说，上市公司的分红是一件最大的好事。分红说明公司经营效率高，创造的价值高，因而会使投资者趋之若鹜。但是有一种上市公司的分红需要特别警惕，它是庄家和上市公司为中小投资者准备的诱饵，是地地道道的大陷阱，那就是业绩不优秀的上市公司在高位分红。

一、对于业绩不善的上市公司来说，高位分红意在圈钱

例如，某上市公司推出 10 派 4 元的高分红方案，但公司增发 1 亿股 A 股，分出去的利润为 2 亿元左右，而以其当时的股价增发 1 亿股，收回来的资金可能是 20 亿元，分出去的资金比配股圈的资金少得多，最终埋单的是投资者。如果上市公司的业绩一般，又想圈钱，就可能引发"恶性分红"。上市公司在无力分红的前提下就有可能坚持派现，然后实施再融资，用部分圈来的钱来弥补原来分红时留下的缺口。这实际上就等于将融资所得的现金作为红利分配，形成一种变相的融资分红。由于上市公司的业绩不能够支撑过高的股价，则股价会大幅下跌。所以，投资者应该警惕分红后接着有配股的情况。

二、对于庄家来说，高位分红是出货良机，这种情况出现在中小盘股中的概率较高

一直以来，高送转都是市场上的热门题材。不少中小散户热衷于追逐高送转概念，而上市公司也对高送转有求必应，以前 10 送 10 都是惊喜的"大

礼"，现在散户麻木了，产生了抗体，于是上市公司现在改成用更大"猛药"来刺激散户的神经。可以说，高送转已经是不少上市公司为中小散户量身做的套路。不怕忽悠不到你，只是力度问题。我们看看发生在身边的卖拐故事，惊奇之余，不能老是旁观，还要吸取教训。

2016 年 6 月下旬，吴通控股就非常"敬业"地公布了送转预案：10 送30 股！股权登记日是 9 月 26 日。就在投资者翘首以盼地等待高分红时，大宗交易和二级市场却出现了一系列异常交易信号。吴通控股实际控制人及员工持股计划于 7 月 25 日、8 月 2 日、8 月 4 日、8 月 15 日、8 月 18 日、8 月25 日、9 月 6 日、9 月 13 日、9 月 20 日、9 月 21 日连续大规模抛售股票，减持金额超过 20 亿元。

值得注意的是，6 月公告高送转，而 7 月、8 月就是这些限售股解禁的日子。也就是说，刚解禁大股东及员工持股计划就立刻抛售，并且十分准确地在股权登记日（9 月 26 日）之前减持完成（9 月 21 日减持完成）。醉翁之意不在酒，在乎山水之间也。

股东持股变动						
股东名称	持股数（万股）	变动股数	变动比例（%）	变动后持股数	变动类型	变动日期
国联吴通通讯1号集合资产管理计划	119.9	119.9	0.38	0	员工持股计划	2016/9/21
万卫方	8806.04	393.56	1.23	8412.48	大宗交易	2016/9/20
万卫方	9406.04	600	1.88	8806.04	大宗交易	2016/9/13
万卫方	10006.04	600	1.88	9406.04	大宗交易	2016/9/6
谭思亮	3228.48	476.55	1.5	2751.93	大宗交易	2016/8/25
谭思亮	3644.48	416	1.31	3228.48	大宗交易	2016/8/18
谭思亮	4204.48	560	1.76	3644.48	大宗交易	2016/8/15
谭思亮	4586.55	382.07	1.2	4204.48	二级市场卖出	2016/8/4
何雨凝	582.32	232.93	0.73	349.39	二级市场	2016/8/2
薛枫	1730.1	184.38	0.58	1545.72	大宗交易	2016/7/25

6月公布高送转	→	7月、8月限售股解禁	→	卖卖卖	→	股权登记9月26日

图 1-30　吴通控股减持过程

吴通控股也是个有趣的公司，减持的步骤都是统一节奏的。先是董监高大撤退，员工持股计划作掩护，直到最后才是员工（国联吴通通讯 1 号资产管理计划）撤退，有效地捍卫了领导的地位和权威。好在没有失信"集结号"，让员工困死在里面，自己开溜。

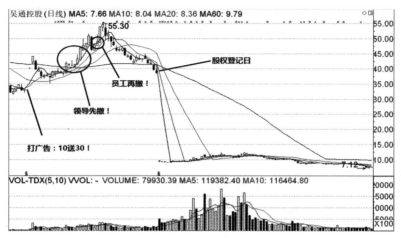

图 1-31　吴通控股

　　更值得一提的是，吴通控股在减持前 1 年还漂亮地打扮了一番，换了个马甲。2015 年 10 月 14 日，公司由"吴通通讯"改名为"吴通控股"，为了公司的"战略需要"。

　　建议投资者多看看《动物世界》，以此反观人类的行为反而更加真实。10 送 30 股这样的利好，就像股市丛林中的一条清澈河流，吸引着大批羚羊们前来享用，而顶级捕食者却在河流附近提前等待伏击的机会。当投资者为了到期日能获得这个分红而不断地买进时，大股东却提前悄然出售自己的股份。

　　令人啼笑皆非的是，这条河流还是画出来的，因为 10 送 30 股，无非是把你的股份拆分成了等额的 4 份，股数虽然增加了 3 倍，但价格也同样比例地减少了，总市值不变，却多交一次拆分费用。

　　1. 识别庄家借高位分红出货的要点

　　（1）上市公司的业绩与其分红比例不协调。例如，每股收益增长不足10%，而分红却是 10 送 10 派现 8 元，多半是陷阱。另外，要多考察其以往业绩。如果上市公司一贯业绩不佳，本期忽然出现大幅盈利，并接着公布高比例分红消息，亦多为诱饵。

（2）在上市公司高比例分红的消息正式公布前的低位，有大量的换手，且随着分红时间的临近，股价出现大幅飙升，甚至连续涨停。

（3）在分红派息日的5~10日内，若股价出现滞涨（如阴多阳少，或突然出现大阴线），且换手频繁，应警惕是庄家在出货。

2. 操作建议

（1）一般高比例分红的消息出现后，对于业绩不是特别优秀的公司，投资者可在得知消息的第一时间结合技术分析低位跟进，等到分红前期股价滞涨就迅速撤离，往往获利丰厚。不要为了区区"高比例分红"而参与分红。

（2）多看看周线，确定当前股票的价位是否过高。

图1-32　融钰集团

（3）对于已经除权的个股，操作时应多看看复权图，以了解目前的价位。除权后操作不宜过急。一般认为，除权三个月无作为，即高比例分红之后，股价需要消化前面的涨幅，在三个月之内很难有大的作为。除权前涨得越高，除权后拖累越久。

美丽的都是陷阱。可千万别再上当了！

第十三节　抢反弹

抢反弹要求投资者对波段运行规律非常熟悉，手法要快，判断要准，决策要果断，撤离要干净利落。抢反弹一般是超级短线爱好者的操作方式。

下面介绍一下抢反弹的基本方法和技巧。

一、抢反弹前的准备

1. 选股看股性

超跌反弹行情是因为大盘调整时间过长和个股调整幅度较深而产生的反弹行情。所以，抢反弹的关键不是价值投资，而是纯粹技术操作。这就要求选股一定要选择流通盘较小、股性活跃的投机类个股。

2. 观察前期股票跌幅

股市中，反弹无处不在，但并非是反弹都要抢。因为每次反弹的力度不同，空间不同。暴跌后的报复性反弹和阴跌后期的背离期可参与，因为跌得猛，反弹的力度才大；跌得越深，反弹得越高。阴跌的反弹空间和时间的不确定性很大，较难判断，缺乏可操作的空间。

3. 反弹也要抢热点

既然是反弹，持续时间一定不会很长，空间亦有限，所以抢反弹要参与反弹行情中明显的热点。热点板块容易激发人气、力度大，也有一定的题材，主力往往把这类板块作为激发人气的工具。热点个股的涨升力度通常较强，只有把握住这类个股，才能真正赢得反弹的获利机会。另外，前期没怎么表现的板块如果率先反弹则要高度重视，可能是真正能参与的品种。要注意，不能选择成交量过于稀少的冷门股，以免因为流通性差，导致操作失误。

4. 选择活性指标

K 线周期要使用 5 分钟 K 线图，指标选择活性指标，如 KDJ、RSI 和 CCI。

二、买入技巧

买入一定要谨慎把握好时机。抢反弹过早，前景不明，往往造成套牢；抢反弹过迟，往往会错过稍纵即逝的买入价位，抬高了成本，从而失去盈利机会。抢反弹应坚持不追高的操作原则，因为抢反弹具有一定不确定性的风险因素，盲目追高容易使自己陷入被动的境地。逢低买入一些暴跌过后的超跌股，可以使自己掌握进出自由的主动权。

具体方法是：看到日 K 线图，如果股价经过了深度下跌，其 RSI 指标和 KDJ 指标必然非常弱，PSY 指标值处于 25 以下。同时关注 K 线图 5 分钟，采用 RSI 指标和 KDJ 指标辅助寻找最佳买点。

三、卖出的技巧

投资者常常被反弹急风骤雨式的拉升所迷惑，误判为是新一轮启动。历史上虽然有过反弹最终演化为反转的先例，但出现的概率很小，往往需要市场环境的多方面因素配合才行。绝大多数报复性反弹会在某一重要位置遇阻回落，当反弹接近阻力位时，要提高警惕，踏空的投资者不能随意追涨，获利的投资者要及时获利了结。

参与这类反弹行情不能期望一次性收益过高，而要从多只个股的薄利不断累积利润。所以，要加快操作节奏，做到快进快出，适时地获利了结。

四、抢反弹注意事项

（1）权衡风险与收益关系。参与反弹之前要估算该股的风险收益，当个股反弹的风险非常大而收益非常有限时，不能轻易抢反弹，只有在预期收益可观时，才适合冒险抢反弹。

（2）把握好趋势。当股市下跌趋势已经形成或运行于标准的下跌趋势通道中时，投资者不宜抢反弹，此时抢反弹，无异于火中取栗，得不偿失。

（3）设置止损价位，做好止损的心理准备。反弹并非市场已经完全转强，在参与反弹时应该坚持安全第一、盈利第二的原则，一定要设置止损位，当股价到达预定价位时应立即果断卖出。

（4）不宜满仓操作。在弱市中抢反弹，要根据市场环境因素，选择适当的资金投入比例，贸然重仓或满仓参与反弹，是不合时宜的，一旦研判失误，将损失巨大。

（5）以市场为导向，而不是以期望为导向。抢反弹应根据市场情况随机应变，当趋势向好时，即使获利丰厚也可以继续等待；当反弹的上升趋势受阻时，即使获利微薄或浅套也要坚决清仓出货，不能让盈利预期束缚自己。

（6）操作要果断迅速。由于超跌反弹行情的买卖时机稍纵即逝，所以投资者买入和卖出时要果断，优柔寡断是参与反弹行情的大忌，如果在抢反弹时出现失误，一定要斩钉截铁地卖出，千万不能将主动性抢反弹操作演变成被动性的中线或长线捂股。

图 1-33　中国化学

第十四节　股价创新高

股市中，"强者恒强，弱者恒弱"的"马太效应"非常明显。很多股票的股价已经在天上，却仍不断地创新高。而很多股票的股价已经创了新低，却还止不住地下跌。这使得很多投资者感到迷茫。其实，股票不断创新高自然有创新高的原因，或者是持久的行业景气度，或者是不断获得市场资金的追捧，等等。"无风不起浪，事出必有因"，至于究竟是什么原因，一般投资者是很难获得准确、及时的信息的。其实，技术分析派也用不着去追究什么原因，只要是能够让股价上涨的因素，都是好的因素。只要是利好因素，股价和成交量就有反应，这都真真切切地记录在K线图中。股价创新高，个股其实蕴藏着很多的获利机会。

一、创新高个股的特点

（1）一般创新高个股都是大阳线突破前期高点，或者连续几根阳线突破前期高点。

（2）在突破前期高点时，一般都会伴随巨量。最好是成交量同时也创新高。

二、股价创新高的市场指导意义

（1）既然股价创新高，从波段运行规律来说，原来的一波行情并非主要的拉升波。股价创新高后的波段行情依然可观。

（2）股价创新高，而成交量巨大，则说明前期套牢盘有相当部分在当前解套。但是，股价仍然突破前期高点，说明多方的实力远大于空方实力，解放前期套牢盘，后面自然有更大幅度的上涨。

（3）新资金取代原来的套牢盘，在原高点就形成了一个新的价位支撑。

三、操作方法

（1）如果在股价以大阳线突破原高位时出现了巨量成交，说明股价创新高较为可靠，应该积极买入。

（2）股价突破后，原高点就成了股价的支撑位。所以，如果股价突破后，进行了短暂的反抽，并在原高点位置获得支撑后放量上涨时果断介入。

四、实战举例

2016 年 10 月，大连电瓷放量突破前期历史高位。经过短暂的整理，股价继续上攻，在大盘整体乏力的情况下，依然表现强劲。特立独行，说明主力实力雄厚。仅仅 4 个月，股价即成功收获翻番行情。

图 1-34　大连电瓷创新高

第十五节　逆势上涨的股票

当大盘处于调整期时，绝大多数个股应声而落。但是也有例外，例外的就是强势股。一般来说，逆势上涨的股票都是强势主力高度控盘的结果。这种股票的主要走势特点表现为：

（1）K线走势独立于大盘。大盘涨时它表现不怎么突出，但大盘跌时它不跌，反而涨速加快。这种情况通常表明，大部分筹码已落入庄家囊中。当大势向下，有浮筹砸盘时，庄家便把筹码托住，封死下跌空间，以防廉价筹码被人抢去；若大势向上或企稳，有游资抢盘，主力会适当抑制，以防扰乱计划。股票的K线形态表现为横向盘整，或沿均线小幅震荡盘升。

（2）突遇利空打击股价不跌反涨。突遇利空，中小散户可以抛出，而庄家由于持股数量巨大，无法脱身，只能托盘，等到行情好时才能成功出货。为了保持市场持股的高成本，庄家必须将股价维持在一定的高度，所以，还可能会做出拉升动作。

江山股份在2007年6月前表现一般，也没有人太注意，主力大约在这个时间已经完成建仓工作。之后，用3个月完成了震荡洗盘，接着开始了拉升。就在10月，大盘发生了逆转，调整幅度达到20%以上。但是，该股却没有受到任何影响，依然我行我素地上涨。同期，央行再次大幅调高利率并公布实行货币从紧的政策，其他个股又都出现了不同程度的下跌，而该股却似乎加速上涨，显示了强庄的实力和风范。与此类主力共舞，才是幸事。

相同的例子还有威海广泰。该股在2007年9月以前根本没有什么表现，但是，当大盘开始调整的时候，该股却逆势大涨，并创历史新高。

对于逆势大涨的股票，等到大盘趋势变好的时候，要谨防主力出货，不可过贪。

图 1-35　江山股份

图 1-36　大盘同期走势

图 1-37　威海广泰（2007 年 9 月 12 日~12 月 10 日）

第十六节　最佳交易时间

对于波段投资者来讲，重点是判断股价运行的周期特点，并在拉升波启动初期及时介入。在选择好波段低位后，应该选择好分时介入的时间。所以，最佳交易时间需要结合日 K 线走势图和分时走势图综合做出决定。最佳交易时间所选择的 K 线走势，一般都处于波段中低位。关于日 K 线的买卖技巧，我们讲过很多，此处不再赘述。此处关键讲解在分时走势中如何选择最佳交易时间。

（1）早盘买入：我们此处将早盘限定为开盘后 10 分钟。

早盘买入主要是为了捕捉处于拉升期的大牛股。因为股价经过了整理，将要面临拉升。这时，应该高度注意。其实，这些处于强势拉升中的股票一般会集中在早盘进行拔高。另外，如果该股前一日收盘后出现了突发性的利好，则多方酝酿了一天的力量会在早盘体现出来。这个时候，应该尽量在开盘后 10 分钟内确定交易，以免错过较可观的涨幅。

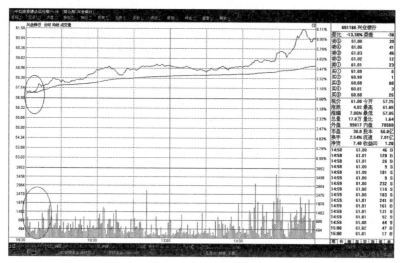

图 1-38　买入在早盘

早盘买入应该注意，真正具备上涨潜力的股票，在开盘后一般会先短暂俯冲，然后掉头向上。如果股价在均线下方向上突破均线，回调又不破均线，说明均线支撑有力，应该在均线处果断买入。如果股价在均线上方回落到均线附近，获得支撑，又放量上涨，也可买入。总之，要关注均线的支撑和阻力位。

（2）尾盘买入：最好在收盘前 5 分钟买入。

按照现行的交易规则，沪深两市采取 T＋1 交割制度，当日买入不得卖出，须等次日后卖出。收盘前 5 分钟买入的好处是，经过全天的走势观察，大体趋势已定，万一出现判断失误，当日不会面临巨大的下跌风险。而如果次日出现了预料之外的走势，就已经有了卖出的主动权。收盘前 5 分钟买入，其实就是借助交易规则来避险，获取盘中的主动权。当然，如果决策是正确的，就可以看到次日股票的良好表现了。

（3）盘中买入：盘中买入就是根据个股的盘中走势，及时地做出交易判断。

当然，这要求分时买入技术相当熟练。分时买入的技术主要有板块联动、盘中持续大单买入、均线支撑等。

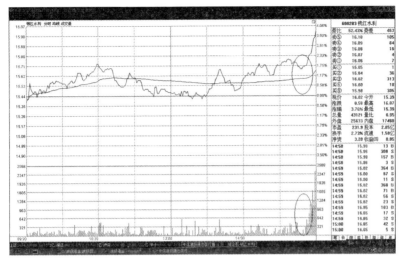

图 1-39　买入在尾盘

在这三种买入时间选择上，我首推尾盘买入。

第十七节　狙击涨停

波段投资中最强大的绝招是捕捉连续涨停的波段。这也是对波段操作的各种技术要求最高的操作方式。狙击涨停就要对涨停做深入的分析和总结："知己知彼，百战不殆。"

一、涨停板解读

涨停板作为一种超级强势的波段运行态势，其本身蕴含着丰富的意义。只有对涨停板的内幕和特点熟悉的人，才能准确地捕捉到涨停板。赌博式的瞎猜和押注是难有成效的。下面是对几种典型涨停板的解读，希望能够帮助你截获涨停甚至连续多个涨停的超级大牛股。

1. 无量涨停

股价的发展是买卖力量对比的结果。涨停就是买方力量与卖方力量的对比形成"一边倒"的情况。从这点上来说，无量涨停的力度要比有量涨停的力度大。无量涨停显示出卖盘的惜售和买盘的坚决。甚至有的买盘数量比流通盘数量还要大，显示了主力买盘的封停决心。

无量涨停主要有以下几个原因：

（1）个股发生重大突发性利好，主力提前得到确切信息，在开盘后以大资金按涨停价抢盘；

（2）个股正处于市场热点和焦点；

（3）主力完成了建仓、试盘和震仓，开始了强势拉升；

（4）主力运作的时间要求紧促，需速战速决；

（5）股票前期进行了换庄，新庄拿到一定的浮动筹码后，就开始拉升。由于成本就在此处，新庄非常希望能够将股价迅速拉高。新庄进场没有多大压力，手中又握有相当的资金，一旦拉升就拉出涨停，但由于还没有到达目标价位，因此没有对倒制造成交量。这种情况出现在一个大的波段底部，而且前期有持续放量。放量的意义就是新主力接庄并吸收了市场上的短线筹码（长线投资者不可能在此价位大肆抛售）。因此，在涨停时，没有成交量。

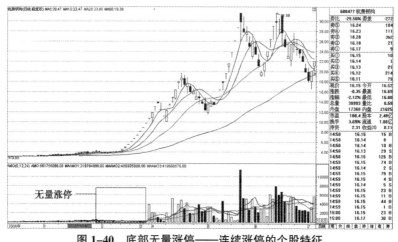

图1-40 底部无量涨停——连续涨停的个股特征

2. 放量涨停

放量涨停就是股价在涨停过程中发生了巨量换手。股价涨停表明市场有了获利筹码，所以会有相当一部分获利筹码兑现。放量涨停的原因，主要是大盘超级强势、个股基本面发生了根本质变和主力的积极运作。其中最主要的原因就是主力的积极运作。

股价出现涨停，产生了不少短线获利筹码，这些获利筹码急于兑现，但大单买盘更多，进来的买盘不但将获利盘全部消化，还唯恐买不到而一路抬高股价，最终封至涨停，形成市场上放量上冲的态势。

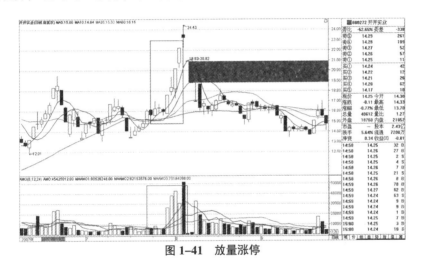

图1-41　放量涨停

但如果换手过多，就很有可能主力自己也在积极对倒放量。对于一般的技术分析者来说，放量上涨是股价持续向好的信号。主力就是利用这个信号吸引市场跟进。吸引市场跟进，主力也会交出其中一部分筹码，既然主力愿意交出一部分筹码，说明此处已经脱离了主力的成本区。所以，放量涨停需要谨慎，特别是在高位。

3. 涨停后又被反复打开

这种情况绝大多数系主力所为，主要应从股价涨幅及市场大势两大方面研判。

（1）主力建仓。主力建仓多处于波段低位，大势较好。主力在某一点位买一大单，然后用更大的单子砸下，给人封不住的感觉，从而引发恐慌性抛盘，主力则在低位吸纳。至于买某一点位的大单，最终也还是自己的，只不过从左手转到右手。如此反复，就获得了大量的筹码。

（2）主力洗盘。洗盘多处于波段中位，前期有了一定的上涨幅度。如果大盘震荡，那就更加顺手，猛烈震荡、高抛低吸、赚取差价，反复震荡，提高了市场成本。

（3）主力出货。出货发生在波段的高位。主力故意在涨停板的最后几笔卖单上做文章，总是有几笔封不完的单子。市场都感到非常急躁，等到急性子都吃货后，市场就没有多少信心了。然后，主力就将大部分卖单撤掉，用几笔小单将涨停封住。等到市场买单增多时，自己的买单就先撤下来，让市场的买单排到前面。然后就抛出卖单，将挂出的买单干掉。如此反复，涨停反复被打开又被封上。主力涨停出货有个突出的特点，那就是换手率特别高。

4. 连续涨停

连续涨停是目前股市中的极强走势，是股票操作追求的最高境界。连续涨停主要有两个特点：

（1）连续涨停会出现在个股波段底部（阶段性底部）或者拉升阶段。

波段底部因为没有大量的获利浮筹，因此涨停就不会面临强大的抛压，因而容易出现连续涨停。

拉升阶段也是连续涨停的高频区，这主要是主力为了尽快达到目标价位而采取的紧急行动。当然，这里排除了超级利好、机构纷纷抢筹而导致连续涨停的情况。

还有一种连续涨停的常见形式，那就是拔高建仓。拔高建仓的个股一般都是股价较低的个股，而且股票本身具备丰富的题材或者良好的业绩前景。前面讲到的"鹅头"形态就是拔高建仓的典型形态。

（2）走势独立于大盘，也是连续涨停个股的共同特点。

在大股灾后整体消沉的 2016 年，大盘基本是一潭死水，维持在 3000 点左右。煌上煌算是一个明星股，为市场增添了一抹亮色和生机。6 月末，煌上煌有拔高建仓的迹象，连续 4 个交易日涨停，并伴随成交量迅速放大。后经过 2 个月反复震荡洗盘，再次放量突破，十日翻番。

图 1-42　拔高建仓

5. 纯粹涨停

（1）大盘均线处于多头排列的情况下，个股大趋势一定要向上。

（2）查看周线和月线系统，判断当前所处的价位阶段。结合连续涨停的特点，要选择股价处于较低价位或者股价虽然已经涨高但仍然有良好的上升趋势。

（3）涨停后调整的小阴线和阳线实体要小，明显缩量，并在关键支撑位获得支撑。

（4）股价远离 5 日均线，不可盲目追高。

（5）狙击涨停最好选有热点题材配合的板块龙头股。

（6）长期下跌或调整后的第一个涨停板可以追，多次涨停以后不可追高。追涨停需设止损价位，仓位以轻仓为主。

二、涨停常见陷阱

（1）直拉至 8~9 个点，而未触及涨停，尤其是早盘开盘不久，主力在吸引注意力跟风盘之后掉头向下，往往是诱多，应快跑。

（2）今天封死在涨停，第二天低开，还是出货。因为今天进去的，明日低开没获利，不情愿出，主力要出在你前头，而今天没追进的，第二天以为捡了便宜，跟风盘较多。不光是涨停板，有些尾市打高的，也是为第二天低开便于出货。比较忌讳的是那种突然放量很大，一下又迅速缩小，那说明主力心态不好，也会引起追涨盘的怀疑。

（3）看委托盘真要涨停的股票，一般显示出来的买进委托盘不会比委托卖出盘大，因为主力的真正买盘是即时成交的，看不见，而那种很大的买盘是托着股价慢慢上涨的，基本可以认为是主力在出货，不能追进。

（4）在股票本身技术形态不好的情况下，勉强去拉涨停，但是不封死，在涨停板位置慢慢出货，即使收盘最后以涨停报收，第二天也走不了多高。

第十八节　迅速抓住盘中热点

股票炒作有长看业绩、中看题材、短看技术的说法。对于波段投资者来说，不重视热点地随意操作等于不看靶子放枪。那么，如何迅速抓住盘中的热点呢？

这就需要借助沪深两市的各种价格和成交量的排行榜进行跟踪扫描。

一、61、63 排行榜

61 排行榜是上海市场的涨幅排行榜，它列举了上海市场最强势的股票。特别是排在第一界面的股票，都是当前热点。其中有部分个股会持续地出现在该排行榜前列。

63 排行榜是深圳市场的涨幅排行榜，它列举了深圳市场最强势的股票。特别是排在第一界面的股票，是当前深市的炒作热点。其中，部分个股会持续地出现在该排行榜前列。

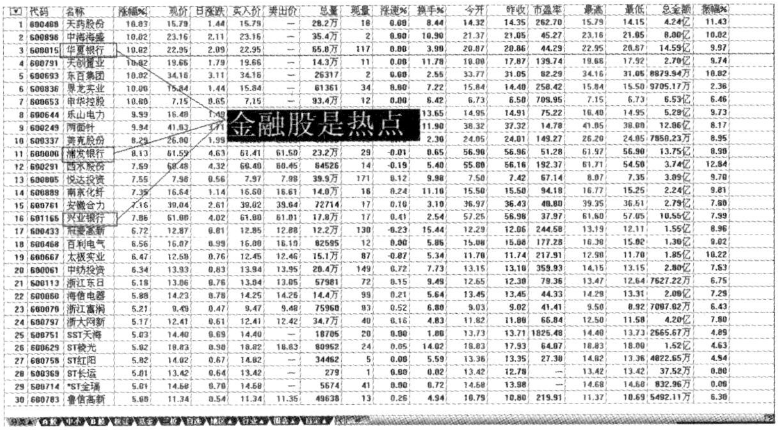

	代码	名称	涨幅%	现价	日涨跌	买入价	卖出价	总量	现量	涨速%	换手%	今开	昨收	市盈率	最高	最低	总金额	振幅%
1	600488	天药股份	10.03	15.79	1.44	15.79	—	28.2万	18	0.00	8.44	14.32	14.35	262.70	15.79	14.15	4.24亿	11.43
2	600896	中海海盛	10.02	23.16	2.11	23.16	—	35.4万	2	0.00	10.90	21.37	21.05	45.27	23.16	21.05	8.00亿	10.02
3	600015	华夏银行	10.02	22.95	2.09	22.95	—	65.8万	117	0.00	3.90	20.87	20.86	44.29	22.95	20.87	14.59亿	9.97
4	600791	天创置业	10.02	19.66	1.79	19.66	—	14.3万	11	0.00	11.78	18.00	17.87	139.74	19.66	17.92	2.70亿	9.74
5	600693	东百集团	10.02	34.16	3.11	34.16	—	26317	2	0.00	2.55	33.77	31.05	82.29	34.16	31.05	8879.94万	10.02
6	600836	界龙实业	10.00	15.84	1.44	15.84	—	61361	34	0.00	7.22	15.84	14.40	258.42	15.84	15.50	9705.17万	2.36
7	600653	申华控股	10.00	7.15	0.65	7.15	—	93.4万	12	0.00	6.42	6.73	6.50	709.95	7.15	6.73	6.53亿	6.46
8	600644	乐山电力	9.99	16.40	1.49						13.65	14.95	14.91	75.22	16.40	14.95	5.29亿	9.73
9	600249	两面针	9.94	41.03	3.71						11.90	38.32	37.32	14.78	41.05	38.00	12.06亿	8.17
10	600337	美克股份	8.29	26.00	1.99						2.30	24.05	24.01	149.27	26.20	24.05	7850.23万	8.95
11	600000	浦发银行	8.13	61.59	4.63	61.41	61.50	23.2万	29	-0.01	0.65	56.90	56.96	51.28	61.97	56.90	13.75亿	8.98
12	600291	西水股份	7.69	60.48	4.32	60.40	60.45	64526	14	-0.19	5.40	55.80	56.16	192.37	61.71	54.50	3.74亿	12.84
13	600805	悦达投资	7.55	7.98	0.56	7.97	7.98	39.9万	171	0.12	9.98	7.50	7.42	67.14	8.07	7.35	3.09亿	9.70
14	600889	南京化纤	7.35	16.64	1.14	16.60	16.61	14.0万	16	0.24	11.10	15.50	15.50	94.18	16.77	15.25	2.24亿	9.81
15	600761	安徽合力	7.16	39.04	2.61	39.02	39.04	72714	17	0.10	3.10	36.97	36.43	40.80	39.35	36.51	2.79亿	7.80
16	601166	兴业银行	7.06	61.00	4.02	61.00	61.01	17.8万	17	0.41	2.54	57.25	56.98	37.97	61.60	57.05	10.55亿	7.99
17	600433	冠豪高新	6.72	12.87	0.81	12.85	12.88	12.2万	130	-0.23	15.44	12.29	12.06	244.58	13.19	12.11	1.55亿	8.96
18	600468	百利电气	6.56	16.07	0.99	16.08	16.10	82595	12	0.00	5.86	15.08	15.08	177.28	16.30	15.02	1.30亿	9.02
19	600667	太极实业	6.47	12.58	0.76	12.45	12.46	15.1万	87	-0.87	5.34	11.70	11.74	217.91	12.90	11.70	1.85亿	10.22
20	600061	中纺投资	6.34	13.93	0.83	13.94	13.95	20.4万	149	0.72	7.73	13.15	13.10	359.93	14.15	13.15	2.80亿	7.63
21	600113	浙江东日	6.18	13.06	0.76	13.04	13.05	57981	72	0.15	9.49	12.65	12.30	79.36	13.47	12.64	7627.22万	6.75
22	600060	海信电器	5.88	14.23	0.78	14.25	14.26	14.4万	99	0.21	5.64	13.45	13.45	44.33	14.29	13.31	2.08亿	7.29
23	600070	浙江富润	5.21	9.49	0.47	9.47	9.48	75960	93	0.52	6.80	9.03	9.02	41.41	9.50	8.92	7007.02万	6.43
24	600797	浙大网新	5.17	12.41	0.61	12.41	12.42	34.7万	40	0.16	4.83	11.82	11.80	66.84	12.50	11.58	4.20亿	7.80
25	600751	SST天海	5.03	14.40	0.69	14.40	—	18705	20	0.00	1.80	13.73	13.71	1825.48	14.40	13.73	2665.67万	4.89
26	600629	ST棱光	5.02	18.83	0.90	18.82	18.83	80952	24	0.05	14.02	18.03	17.93	64.07	18.83	18.00	1.52亿	4.63
27	600758	ST红阳	5.02	14.02	0.67	14.02	—	34462	5	0.00	5.59	13.36	13.35	27.30	14.02	13.36	4822.65万	4.94
28	600369	ST长运	5.01	13.42	0.64	13.42	—	279	1	0.00	0.02	13.42	12.78	—	13.42	13.42	37.52万	0.00
29	600714	*ST金瑞	5.01	14.68	0.70	14.68	—	5674	41	0.00	0.72	14.68	13.98	—	14.68	14.68	832.96万	0.00
30	600783	鲁信高新	5.00	11.34	0.54	11.34	11.35	49638	13	0.26	4.94	10.79	10.80	219.91	11.37	10.69	5492.11万	6.30

图 1-43 61——上海市场排行榜

二、送礼行情的捕捉技巧

下面我们运用快速捕捉热点的思路，来捕捉一项特殊的机会，我们叫送礼行情。现在每逢佳节，给领导或者合作伙伴送礼，早就不流行送实物了——土，现在送礼流行玩新鲜点的，比如股票红包。听说北京有一个搞私募的家伙，因为喜欢上了一个模特，模特炒股，向他咨询个股诊断，他暗中记下模特的股票，第二天都给鼓捣涨停了，模特乐坏了，他也得逞了。股票送礼效果甚佳。如果告诉受礼者，某某股票，你在某某价格买进，买进数量是多少，对方就心知肚明。一般送礼方会让受礼方挂非常低的价格，甚至是跌停买进，盘中送礼方在约定时间迅速打压股价，让受礼方的买单成交。然后，迅速将股价拉回原位，甚至推升至更高价格，这种股票短期仍有上冲潜力（请思考为什么）。这样，受礼方就在当日实现了账面盈利，心里自然高兴。送礼包行情上午概率大，因为上午送的话，受礼方能乐呵一天，而下午送的话顶多乐呵一下午。既然同样是送，为什么不让对方多高兴一会儿呢？

我们来看一个送礼的案例。

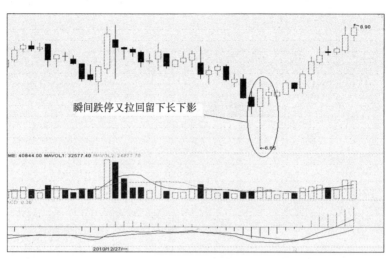

图 1-44A　宁夏恒力

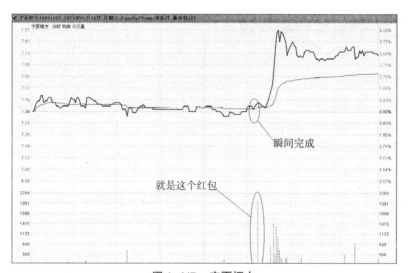

图 1-44B　宁夏恒力

　　2011 年 1 月 26 日，兔年春节临近，宁夏恒力午后再现了传说中的送红包行情。该股早盘一直在开盘价附近进行窄幅整理，13：36 突现一笔 2000 手的大卖单，一分钟内将该股打到跌停板，在跌停板上成交 20 万股后瞬间又拉红，收盘大涨 4.47%。如果按 20 万股计算，这份节前送出的"红包"

为21万元以上。

收到红包的人，不亦乐乎。兔年春节过得舒坦。

1. 送礼行情的条件

（1）送礼行情在重要节假日（如国庆、元旦、春节）的近五天（注意时间很特殊）概率高，平时也偶尔出现。交易的时间窗口大约在上午开盘首个半小时内或下午开盘首个半小时内。

（2）股票前期走势稳健，趋势良好，股价处于阶段性中低位（高位一般是操盘手的疏忽大意而形成的乌龙单，也叫猪手单）。

（3）无重大利空因素。

（4）送礼交接的时间非常短，一般是在2分钟内瞬间完成。

（5）分时表现：突然大幅下跌超过4%（常常是瞬间跌停），然后迅速拉回，并且当日多收红。

（6）红包数量不会特别大，一般在百万股级别内。

2. 送礼行情的捕捉技巧：利用81、83排行榜

在临近节假日的前五天，特别是10：30以前或13：30以前，通过勤翻81、83排行榜寻找那些5分钟跌速最快的股票，一定要瞬间大幅下跌超过4%。当你发现它的日线趋势良好，符合我们讲到的送礼行情的条件，那么，就迅速下单，填单的价格一定要填到比较低的价格。一般可以填到-5%以下的位置，甚至更低（别填跌停，因为主力在跌停上不会停留，当你看到的时候，已经来不及了）。如果不成交，没有关系，因为红包本来就很隐蔽，不会轻易失手。而一旦成交，则是真正的红包，利润可观。要求下单迅速。所以，我们可以叫作抢红包。

随着社会的发展，红包行情出现的概率也越来越高，说不定还能发展成时尚。如果红包抢到手，你也可以乐呵一天。

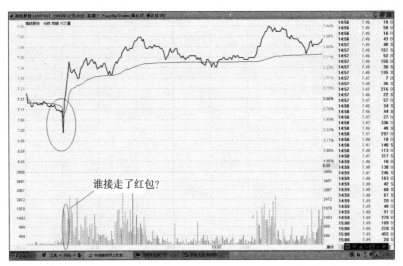

图 1-45　南纺股份

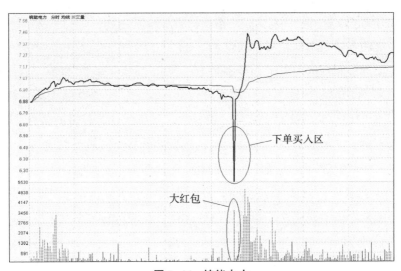

图 1-46　皖能电力

第十九节　超级套利术——谷底淘金

讲一个故事。

从前，两个人进入大森林打猎，由于森林太大，他们迷了路，弄得两个人弹尽粮绝。这个时候，不妙的事情发生了：他们发现了一头巨大的黑熊，黑熊也发现了他们。黑熊只想好好美餐一顿，而两人只想逃命，较量开始了。两个人夺路而逃，黑熊紧追不舍。在跑出一段距离后，其中一个人迅速拿出自己最轻便的运动鞋，快速蹬上，加速向前跑。另一个伙伴说：照这个速度，你就是穿上运动鞋也跑不赢黑熊啊！而此人说：是的，我知道肯定跑不赢黑熊，但我能跑赢你！

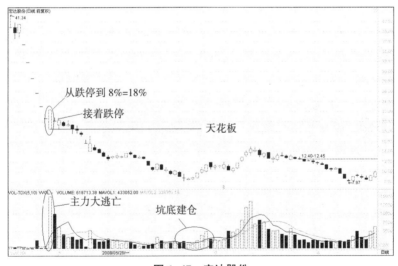

图1-47　宏达股份

当您听完了这个故事，有什么感想？带着你的感想，我们来看一个实战中的案例，让你看到这个故事在资本市场上的重演。

案例简介

2007 年 9 月 27 日，正值火热牛市，宏达股份停牌，进行重组事宜。然而，到了 2008 年 4 月 21 日，重组搁浅，继续交易。此时中国股市正面临非常惨烈的熊市，绝大多数个股已经跌幅过半，宏达股份所在的有色金属板块，很多股票都已经跌幅超过 60%。换位思考一下，如果你是主力，你会怎么做？跑？对，跑。这个时候有意思的一幕出现了：一边是黑熊（黑色的熊市），不可对抗，另一边是散户和主力赛跑。这个时候生存的关键是，看谁跑得更快。

一、散户怎么做

散户这个时候，正在盘算少亏点迅速离场，然而，事实上你没有机会逃跑，因为跌停了。第二天继续跌停，你就会灰心丧气。第三天继续跌停，你估计就要破罐子破摔了，不看了。不看？还不行，让你看更心惊肉跳的，又连续三个跌停板。散户欲哭无泪，无缘无故给我来 6 个跌停。在第 7 个交易日，跌停开板了。还想出吗？散户肯定会摇头，都亏了这么多了，等吧。

请注意，第七个跌停开板这一天，非同寻常。股价从跌停板急速上涨，涨到 8% 以上。从跌停板开板买进的话，一天就要赚 18%。虽然从山顶上摔下来的散户已经像僵尸一样麻木，但是，有人兴奋，那就是短线刀客。他们非常热衷于抢反弹。单日能赚 18%，这种好事一定要参与，于是大量抢反弹族纷纷进场。但是，沪深 A 股的交易规则是 T+1 交易，你要等到次日才能够兑现。然而，到了次日，股价却直接跌停！抢反弹的资金无法脱身，被压在五指山下了。之后，股价又在风声鹤唳中不断快速下跌超过 60%，短线刀客或严重被套或断臂求存，惨不忍睹。

如果我们仔细分析一下，就在跌停开板当日，换手率达到了 53.83%！除了新股上市首日，这么高的当日换手率在资本市场上也是罕见的。然而，这么多散户在买，究竟谁在卖呢？答案是，主力。

二、主力怎么做

主力很清楚，熊市来临，风险难以抵御，牛市中的美好预期支撑的高股价，一定会雪崩。如果让散户先跑，就等于自己被判了死刑。主力选择了苦肉计，既然都想跑，我就把逃生通道先堵死。

1. 跑赢散户

从该股开盘的当日（40元），就直接巨单压到跌停板，谁都跑不了。连续七个跌停（股价已到20元以下），散户这时早已崩溃，心如死灰，头脑已经是一片空白。主力对散户很清楚，他知道散户这个时候的智商为负八，要么死等，要么不敢再看盘。

2. 金蝉脱壳

在第七个跌停开板当日，主力逐步撤去自己的大单压盘，开始大幅拉升，使得当日振幅达到18%，引诱抢反弹一族上钩。果然，大量爱占便宜的"短线刀客"进场，主力当日即顺利出逃！53.83%的换手率，就是主力出逃的痕迹。由于此时主力也是亏钱的，且从40元的高位跌到20元出逃价，亏损幅度达到50%左右。他要想办法赚回来。怎么办呢？

3. 挖坑

主力在短线刀客进场后，第二日直接又砸跌停，让他们被锁在里面，之后利用人气脆弱连续打压，下跌幅度超过60%。熊市中，人气涣散，再也没有谁对这只股票感兴趣了。主力才开始了真正的恢复计划。

4. 以时间换空间

在漫长的时间里，主力又用自己仅剩的50%的现金，在低位吸纳筹码，没有人抢筹码，所以他可以轻松地吸收到筹码。虽然这个时候主力的现金少了，但是，现在的股价更加便宜，所以主力可以吸收更多的筹码。收到筹码后，主力就开始拉升，有一定利润空间就卖掉，然后再挖坑，吸筹。因为市场是熊市，主力就这样在不断地小幅高抛低吸，反复地赚取着差价。为什么主力就能顺利地卖到相应的高位？原因就是多数散户喜欢买上涨的股票。主力不断地进行复利累加，经过几个月的反复腾挪，也就很快回本了。因为主力亏损幅度为 50%，他只要能靠几次复利累加起来让本金增长 100% 就可以了。这个案例中，我们看到，主力第一次挖坑到一波完成，赚取了大约 60% 的利润，第二次挖坑吸筹到波段高点，赚取了大约 70% 的利润。$50\% \times (1+60\%) \times (1+70\%) = 136\%$，你看，主力用了几个月就很快超过了在最高位时的资金量，他已经解套并开始有不错的盈利了。而这个时候，绝大多数散户被套在两个地方：一个是山顶；另一个是第七个跌停开板当日。

注意：主力挖坑吸纳到筹码，每一次拉升，其高点都不会超过第七个跌停开板当日的最低价。为什么？不能让抢反弹的那群人解套，否则，自己就不能顺利解套。也就是说，那天的最低价就是以后的天花板。主力在解套之前，一定是在天花板下反复操作。而一旦股价越过天花板，就说明主力可能已经解套了。主力通过两次套牢散户，为自己争取了宝贵的机动力量——现金，为日后恢复奠定了基础。

三、实战操作技巧

讲这个案例，绝不是为了让大家看热闹。在实战中，我们要像超级玩家一样，必须从里面鼓捣点真金白银。不相信？好，下面讲述如何骑在主力身上赚钞票。有几个要点要谨记：

（1）连续跌停期间，千万不要去接飞刀。此时非常危险！远远观望。

（2）连续几个跌停后开板是主力出逃，千万别去当"短线刀客"。记住，跌停开板那天诱惑很大，是卖出时机，不是买入时机。谁买谁完蛋，因为后面主力至少要挖坑超过 30%，一般都会超过 50%。当然，如果您看到身边有些人品不好的主儿，可以给他们推荐这种股，这时他要是进去，您就看着他后面怎么抓狂吧，够他喝一壶的。

（3）主力挖坑期间，寻找机会介入。主力辛勤地挖坑时，你要保持耐心，让他劳动。等到挖坑深度达到 30% 以上（结合市场整体状况来考虑），就要开始留意。

买入条件：①成交量连续三日放大且站上 5 日均量线。②5 日均线上穿 10 日均线。

卖出条件：股价接近天花板——跌停板开板，换手率最大的当日的最低价附近（一般离此价 5%~10% 就算高点）。

此模式下，我们所有的套利区间都是在天花板下完成的。

主力急着解套的时候，他一定会从坑底往上爬。您就可以结合我们的买卖法则，从容应对。骑着主力赚钱，还是比较有趣的。

（4）计算自己的收益空间。做这种股票，你是可以计算自己的收益空间的。起点是第一个坑底，第一个坑底到第一波上涨接近天花板为一次幅度统计，然后是第二波，以此类推。计算方法如下：

你的收益空间 = 100% ÷（100% － 主力亏损幅度百分比）－ 100%

比如，本案例中主力亏损 50%，那么，主力要赚 100% ÷（100% － 50%）－ 100% = 100% 就能解套回本。那么，也就是说，你跟着他做直到他解套，你就有 100% 的利润空间。而如果主力亏损达到 60%，代入公式，得到的盈利空间是 150%。主力忙着解套，你只要骑稳他，就能够获得接近理论收益空间的收益。主力很生气，但是很无奈。

一般情况下，主力挖坑都不是一次，一般是两次以上，且后一个波峰可能略低于前一个波峰（思考为什么）。主力第二或第三个坑有可能时间比较久，幅度比较大，要多点耐心。当您计算到主力已经解套（达到收益空间上限）的时候，就可能不会再挖坑了，您就不要再用这种打劫主力的非传统招式了。如果顺利突破了天花板，那说明，后面的行情比较可观，因为主力不会轻易为你解套。

四、举一反三，归类总结

本人说的不是一个案例，而是一类操作模式。

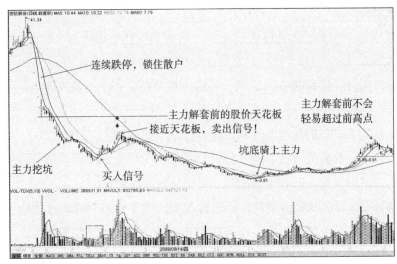

图 1-48　操作模式简图

这样的案例，在市场恶化的情况下并不少见，你都可以用这个方法从容应对。

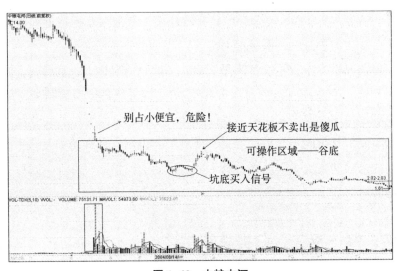

图 1-49　中粮屯河

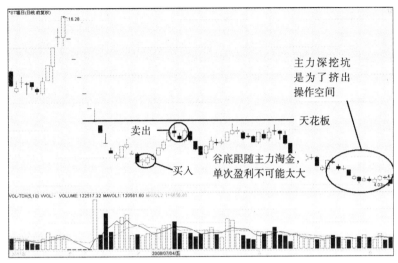

图 1-50 福日电子

这类股票的特点：

（1）多出现在熊市。

（2）多为业内龙头股。

（3）遭遇重大突发性利空。

（4）有实力资金机构盘踞其中。

在实战操作中，如果遇到类似的案例，我想您心中一定很清楚如何从容应对了。这绝对不是马后炮，而是一种切实可行的实战套利模式，花钱未必能买到这样的经验。

这个套利模式告诉我们一个道理：《孙子兵法》不但可以成功地运用于军事领域，更加可以运用于现代金融战争。盈利绝对不是下单买入和卖出那么简单。

亲爱的读者，这种极端的股票您都能收拾，其他的和谐行情您还怕什么呢？

第二章　量价势

导言

量价势是技术分析的核心要素。当我们综合和灵活地运用这些强大的武器时，它们给我们带来了不尽的胜利和惊喜。这些武器难以掌握吗？不！大道至简，读完本章，你自然顿悟。

第一节　量比价先行

在哲学里，有关于量变和质变的关系论证：量变是质变的基础，质变是量变的升华。而在股市中，成交量和价格的关系也可以套用这句话，即量是价的基础，价是量的结果。两者的关系决定了一句股市格言：量比价先行。

让我们来看几个例子。

宝钢股份在股价尚未启动的时候，就已经在积极地放量了。而后，宝钢股份拉开了强劲的上升行情（见图 2-1）。

华兰生物成交先行放大，股价之后才启动上涨行情（见图 2-2）。

大族激光成交量已经明显萎缩，而股价一个月之后才开始下跌（见图 2-3）。

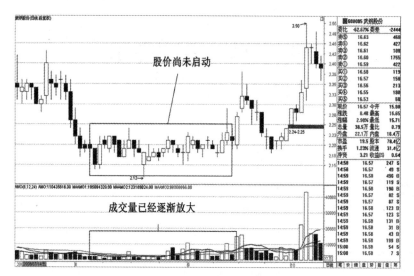

图 2-1　成交量先放大，股价再启动

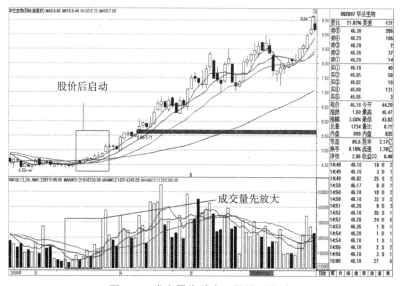

图 2-2　成交量先放大，股价后启动

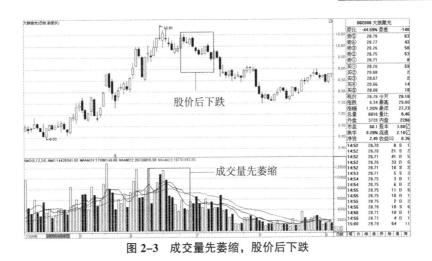

图 2-3 成交量先萎缩，股价后下跌

航天电器成交量明显萎缩，而股价却在两周后展开下跌（见图 2-4）。

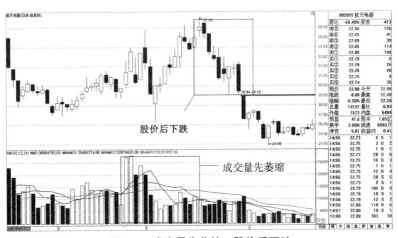

图 2-4 成交量先萎缩，股价后下跌

从以上不难看出，股价和成交量的关系呈现出成交量先变化而后才是股价发生变化，即量比价先行。其实，我们经过研究发现，一个完整波段的量价关系，应该如表 2-1 所示。

图 2-5 能够让你更好地理解这个道理。

表 2-1　一个完整波段的量价关系

量价变化	第一阶段	第二阶段	第三阶段	第四阶段
股价	下跌	上涨	上涨	下跌
成交量	增大	增大	缩小	缩小

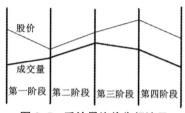

图 2-5　手绘量比价先行演示

从上面可以看出量比价先行的重要规律。为什么会出现这样的规律呢？因为，决定股市涨跌最直接的原因就是股市的供求关系，或者说买方与卖方的实力对比关系。

在第一阶段，股价下跌末期，已经有先知先觉的股民和实力资金机构认为股价被低估，为获得充分的筹码开始逐步吸纳建仓，随着买盘力量的增加，股价止跌。

在第二阶段，随着股价的止跌，市场的人气得到进一步回升，主力机构此时也追加仓位，广大中小投资者纷纷蜂拥而至，股价被强大的买盘继续

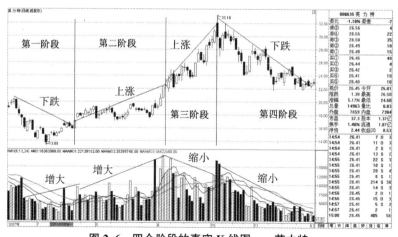

图 2-6　四个阶段的真实 K 线图——英力特

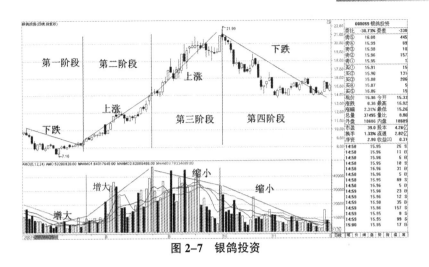

图 2-7　银鸽投资

推高。

在第三阶段，已经获利的机构和精明的投资者，意识到股价已有潜在风险，开始缩减仓位或撤离，但由于广大散户的继续大量涌进，股价仍然持续上涨。由于散户的力量较小和无纪律性，股价开始滞涨。

在第四阶段，主要的获利盘已经基本撤离，加上部分散户无利可图，开始蜂拥卖出，并且引发恐慌盘，股价加速下跌。

让我们来看看是不是这样的规律。图 2-6 是英力特 2007 年 6~11 月的一个完整波段的走势图。从该图可以看出，在这个完整波段的走势中，基本反映了量比价先行的规律。

以上四个阶段就构成了一个波段的量价关系演变情况。一个波段完成，下一个波段继续重复这个基本规律。

可能很多投资者会说，我们发现了不少与该规律不符的地方。主要原因有以下几个：

第一，选定范围不是波段。量比价先行应用的范围至少是波段范围。本书的重点就是研究波段的运行规律，进而提出有实用价值的投资建议。比如，我们用肉眼看事物，能够看到的正常范围是已经限定了的。如果是看蚂蚁每只脚上有几个脚趾，则很难判定，需要显微镜。而如果你想看到整个北京市的面貌，也很难办，要站到一个非常高的位置俯瞰。以此类推，如果你做超级短线要使用这样的规律，则量价几乎是同时进行的，非常难以判断。虽然可以用一分钟K线图这个"显微镜"看出波段的走势，但对于超级短线来说，用波段原理指导超级短线交易是冬行夏令。超级短线有超级短线的操作方法，本书另有论述。该规律非常适合研判更长期的趋势。因为大趋势也可以被看作一个特大的波段。

第二，将四个阶段的特点对错了号。

第三，量比价先行中的四个波段是一般规律。也就是说，正常的市场因素只是改变四个阶段的时间长短。如果遇到特大内外部环境的变化，则有的阶段会直接缩短成瞬间，表现为几乎没有该阶段，或者跳跃式发展。比如，股价刚刚要发展到第三阶段，即量减价涨，但上市公司突然报喜说遇到了千载难逢的特大利好，则第三阶段就缩短成瞬间，实际上会继续沿着第二阶段运行，就是量增价涨。

根据以上原则，可以派生出如下规律：

如果一个波段的成交量比上一个波段的成交量高，则说明下一个上升波段值得期待。

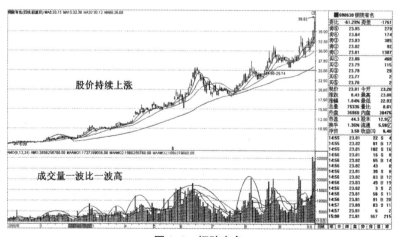

图 2-8　铜陵有色

如果一个波段的成交量比上一个波段的成交量低，则说明下一个波段下跌概率较大。

铜陵有色的成交量一波比一波高，则股价持续稳步上扬。越是相对温和地放大，股价持续越久。突然的暴量，容易使行情加速、完结或停滞。

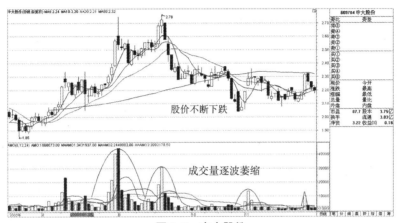

图 2–9　中大股份

中大股份成交逐波萎缩，则股价不断下沉。

在实战中，投资者应该准确把握波段中四个阶段的量价特点，以找到准确的切入点和出局点，最大化地获取收益和规避风险。量比价先行是技术分析的核心理念之一，也是波段投资者最需要掌握的投资利器。

第二节　均线弹跳

均线对于股价下跌具有非常强烈的支撑作用，在很大程度上扮演了趋势线的角色。这是因为，均线本身代表了某个时段的平均成本。在这个成本区，人们会因为关系到自己的损益而采取相应的投资决策。均线弹跳是指股价经过一段上涨回落后，短期均线回落到中长期均线附近获得支撑，又继续呈现出向上发散的多头排列状态。比如，5 日均线回落到 10 日、20 日、60 日均线附近时获得支撑，又开始向上抬头，就是 5 日均线弹跳；如果 10 日均线回落到 20 日或者 60 日均线附近获得支撑又开始向上抬头，则是 10 日均线弹跳，其他类似。在这里，相对长期的均线就是弹跳的支撑，见图 2-10。

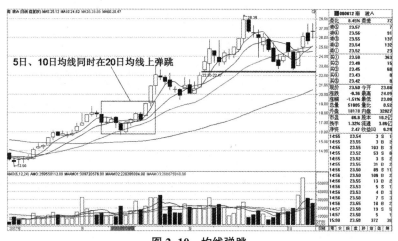

图 2-10　均线弹跳

均线弹跳是趋势延续的信号，它消除了股价偶然变动的影响，均线跳出来的是一波行情，而非一日行情。因为，均线才是构成波段的主要因素。所以，均线弹跳能够辅助投资者更好地把握波段，是波段投资者最关心的上涨信号之一。

需要指出的是，支撑均线周期越长，支撑就越有力，股价会跳高的准确性就越高。例如，5 日均线落到 10 日均线获得的支撑就不如落到 60 日均线获得的支撑强烈。

多条短期均线落到同一长期均线附近又同时弹跳，则未来大波行情可期。如果 5 日、10 日、20 日均线几乎在同一时间落在 60 日均线附近又几乎同时弹跳，则股价下一个波段的行情预期强烈（见图 2-11）。

中长期均线落到更长期均线时，效果不明显。因为人们能够承受的买入、卖出、补仓和割肉价位几乎都在 60 日以内。这也就是 60 日均线的支撑

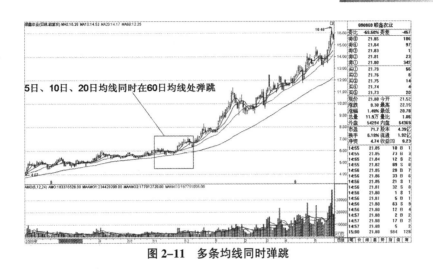

5日、10日、20日均线同时在60日均线处弹跳

图 2-11 多条均线同时弹跳

重要的原因。60日均线落到120日均线附近，获得的支撑不具备很强的指导作用。因为120日不动股票的人，要么是长年不看股票，要么是套牢太深不舍得动弹，也不敢补仓，总之，作用不明显。

均线弹跳是波段投资者屡试不爽的投资良典，当然，这对于短线操作也有极好的指导效果。

第三节 量"托"+价"托"

基于量比价先行、价比势先行的原理，我们通过对一些量价必然规律的研究，就能准确地推断股价未来的走势。只有掌握了大趋势，才能够最大限度地获利。量"托"+价"托"是最稳当的判断上升走势的办法。

"托"的定义是短期均线与中期均线金叉后，两者又分别与长期均线金叉所形成的小三角形区域。价"托"是一种可靠的底部信号。

价托的形成是市场持续升温的结果。当前期经过大幅或者漫长下跌后，市场人气散漫，这时就有先知先觉的人开始悄悄买进，股价在买盘的推动下

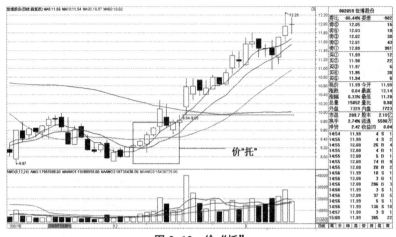

图 2-12 价"托"

开始上升，5 日均线就慢慢站上了 10 日均线。之后，后知后觉的人开始醒悟，于是迅速跟进，股价继续被推高，5 日、10 日均线就逐步站上了 20 日均线，一个价托就这样形成了。价"托"的实际含义是金叉 + 完全多头排列。用价"托"判断股价趋势非常可靠。

2016 年 2 月，在市场低迷的情况下，山东黄金却在投资者避险情绪高涨的情况下放量拉升，带动均线系统形成了一个标准的价"托"。仅仅 5 个月，股价就已从 15 元飙升至 50 元，见图 2-13。

图 2-13 山东黄金

　　2016 年 10 月，国企改革标杆企业中国联通放量突破，形成标准价"托"，上涨趋势形成，仅用 2 个月股价涨幅就达 100%（见图 2-14）。

图 2-14　中国联通

　　价"托"可能出现在熊牛转换的大底部，也可能出现在股价经过回调后又开始新一轮上升的中高位置。价"托"出现在大底部比出现在高位信号更加准确。前期调整越深，出现的价"托"越准确。无论如何，价"托"出现后的操作策略是立刻买进。但是整理行情中的价"托"是均线的黏合偶然造成的，没有参考意义。关于整理行情的操作，我们将专门讲述。

　　与价"托"类似的是量"托"。量"托"是 5 日、10 日和 20 日均量线形成的小型三角形区域。由于量比价先行，所以，量"托"的市场指导意义优于价"托"。

　　量"托"的形成是市场人气不断增强的结果。成交量的变化演绎才会为市场价格的变动提供充足的必要条件。量"托"的形成过程如下：

　　（1）前期经过大幅下跌，成交量缩小到极点，均量线也呈现出完全空头排列状态。

　　（2）先知先觉的股民开始慢慢建仓，成交量开始温和放大。5 日均量线与 10 日均量线形成了金叉。之后随着股价上涨，抄底族和跟风盘蜂拥而至，5 日均量线和 10 日均量线先后越过 20 日均量线，形成了一个三角形区域的量"托"。

量"托"是市场加速上扬的信号，也是确立当前大趋势的重要标志。

中海发展（见图2-15）出现量"托"，股价沿着上升通道迅速爬升，仅2个月股价就从20元涨到了44元。

图2-15　中海发展量"托"

海螺水泥从出现量"托"开始，股价展开大幅飙升。

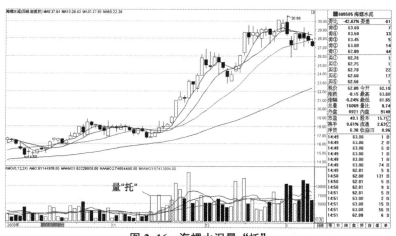

图2-16　海螺水泥量"托"

既然量"托"和价"托"都有确立趋势的重要作用，将这两者结合就消除了很多的偶然因素外，排除了主力骗线的可能（制造价"托"的同时制造量"托"，庄家要付出很大的代价，除非是为了上涨），从而大大地提升了研判行情的成功率。

中国国航在 8 元附近几乎同时出现了量"托"和价"托"，股价在 40 个交易日内冲上了 30 元。

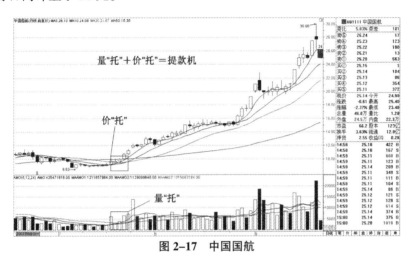

图 2-17　中国国航

请看图 2-18，该股票在 2 元附近价位同时出现了量"托"和价"托"，你能想象它以后的走势吗？图 2-19 是该股的后续走势。

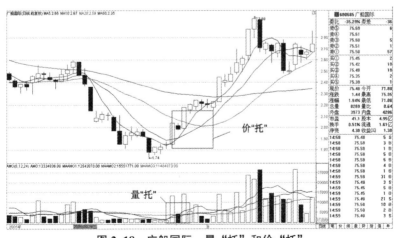

图 2-18　广船国际：量"托"和价"托"

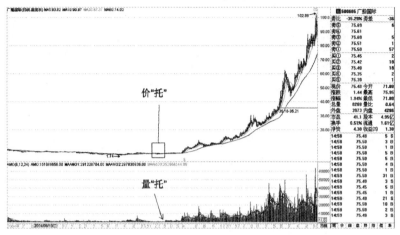

图 2-19　广船国际后续走势

　　这只股票就是广船国际。受益于中国造船工业的崛起，广船国际业绩超速增长，股价也实现了令人难以置信的飞涨。仅用 24 个月，就从当时的 2 元冲高到 100 元，典型的中国速度。

　　没有把握的股票，投资者不宜贸然行动。而量"托" + 价"托"属于稳健交易信号，可靠性和实效性非常高，同时也简单、容易理解，投资者应重点掌握。

第四节　价"压"与量"压"

　　股价经过长时间的大幅上涨，肯定会有见顶回落的现象。涨跌是股市永恒不变的规律，关键是如何在买入后卖到高位，保住到手的利润或减少损失，这是每一个投资者的心愿。当然，一些非常经典的头部形态可以帮助我们研判头部，并及时了结，如双顶结构、头肩顶、圆弧顶等。但股市变化无穷，有很多不规则的形态也可以造成头部，投资者就难以判断如何操作。这里就为读者奉献一种研判不规则头部的方法——价"压"和量"压"。

"压"与前面讲到的"托"正好相反，价"压"即"压"是 5 日、10 日和 20 日均线（均线的取值周期可改，如 5 日、15 日、30 日也可）由多头排列向空头排列转化过程中形成的小三角形区域，见图 2-20。

图 2-20 价"压"

股价经过大幅上升，市场普遍认为估值偏高，因此，先知先觉的人已经在悄悄地出货。随着出货量的加大，股价开始慢慢下滑。此时，股价已经到了一些短线客的止损价位，引起了短线客的抛售。5 日均线与 10 日均线形成了死叉。一些已大有斩获的机构见抛盘太重，不再维持，也借机大肆出货，股价加速下跌。市场的恐慌盘也随之加大抛售力度，5 日、10 日均线先后与 20 日均线形成死叉，价"压"就形成了。价"压"的形成是多空双方较量的结果，即空方战胜多方的结果。既然空方的力量处于主导地位，那么，市场的行情自然不乐观。

2016 年 8 月，创业板明星股光环新网形成价压，显示空方已经占据主导地位，空头气氛明显。之后破位下行，击碎了投资者的心理防线，持有该股的投资者杀跌严重，股价折损过半，多数投资者严重亏损，就是因为忽略了价"压"这个简单而重要的看空标志。

价"压"是非常实用和经典的波段顶部信号。无论是大波段还是小波段，见到价"压"都应该谨慎，随时准备平仓，以避免大的损失。而在横盘

图 2-21　光环新网

震荡整理行情期间出现的价"压"没有参考意义。

需要注意的是，价"压"对于一般的波段顶部（即较为缓慢的多空转换）预警非常准确，但是有的股票暴风骤雨般地下跌形成了头部，等到出现价"压"时就已经损失惨重。这种情况下，应该用我们讲到的另一种方法来研判，那就是开闸放水。

量"压"的形成类似于价"压"。它是成交量由活跃变为沉闷的过程中形成的。

图 2-22　量"压"

由于前期股价的上涨，刺激了成交量的进一步上涨，5 日、10 日、20 日均量线呈现出完全多头排列状态。随着股价的升高，先知先觉的人开始高位套现，加大了抛售力度。5 日均量线与 10 日均量线形成死叉。随着做空者的增多，成交量进一步萎缩，5 日、10 日均量线先后与 20 日均量线形成死叉，即出现了量"压"。

量比价先行。通过量"压"的出现，能够让你清醒地认识到，市场的人气在锐减，股价继续上涨的难度增加，市场以看空为主。

由于价"压"和量"压"都具有重要的指导作用，价"压"与量"压"结合使用，研判下跌的准确率就大大提高。

见图 2-23，锌业股份出现了价"压"+ 量"压"的局面，股价从此陷入漫漫跌途。价"压"+ 量"压"的杀伤力可想而知。

投资者在实战中，遇到价"压"与量"压"同时出现时，应该积极做空。

图 2-23 价"压"+ 量"压"

第五节 龙抬头

龙是我们中华民族的象征，中国人都是龙的传人。龙神通广大、无所不能、泽被生灵、和风化雨，是中国人心中永恒的图腾。我们中国的农历有"二月二，龙抬头"的说法，"二月二，龙抬头；大仓满，小仓流"，意思是巨龙睡醒了，要开始腾云游弋，造福四方。表示春季来临，万物复苏。蛰龙开始活动，预示一年的农事活动即将开始。

在股市中，也可以找到龙的身影。我们下面将要讲到的一种股价走势就是"龙抬头"。它预示着股价度过了寒冷的冬季，开始了复苏和腾飞。

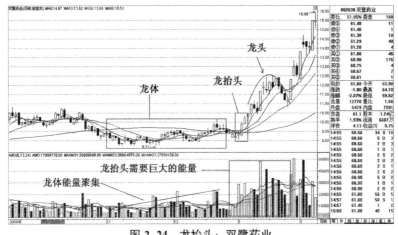

图 2-24 龙抬头：双鹭药业

见图 2-24，经过长期的下跌（或者调整），做空动能释放，5 日、10 日、20 日、60 日均线慢慢地纠缠到一起，这几条均线就构成了龙体的轮廓。当几条均线几乎拧成一束时，突然出现了一根中等以上的阳线贯穿四条均线，同时伴随着成交量的明显放大。之后股价开始加速上扬并缓慢回落到 20 日均线附近，勾画出龙头形态。这几条均线的结合处就是龙颈，而这根中等以上的阳线就是龙头的开始部分。龙抬头之后，自然是腾云飞跃了，见图 2-25。

图 2-25　双鹭药业后期走势

一、龙抬头重要的特点

（1）股价经过长期下跌或调整，5 日、10 日、20 日和 60 日均线不断地靠近和黏合，大体形成了横向的走势，即龙体部分。

（2）龙体部分伴随着成交量逐步放大，这是龙抬头需要的能量汇集的地方。

（3）当 5 日、10 日、20 日和 60 日均线黏合到一起时，必须是中等以上的一根阳线同时贯穿四条均线（即突破）才有效。中等以上的阳线就是至少 3%以上涨幅的阳线。

（4）龙抬头需要巨大的能量，否则，不能够显出神龙腾飞的威力。因此龙头下必然是巨大的成交量，而且是逐步递增的。

龙抬头后会有略微回落，当落到 20 日均线附近开始放出阳线时，龙抬头完成，神龙便会一跃冲天。

二、战法举例

2014 年 6 月，横盘震荡 3 个月的康力电梯出现了均线的反复交织，做空动能充分释放。6 月 24 日，在巨量的冲击之下，股价以大阳线一举同时突破

5 日、10 日、20 日和 60 日均线，显示出超强的市场态势。在多头情绪高涨的情况下，股价连续放量努拔长阳，脱离原成本区，之后经过短暂的整理，在 20 日均线附近企稳，形成了标准的龙抬头走势。康力电梯由此开始了长达 1 年的牛市行情，见图 2–26A、图 2–26B。

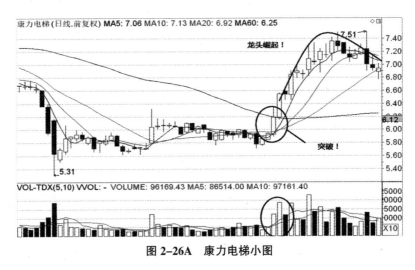

图 2–26A　康力电梯小图

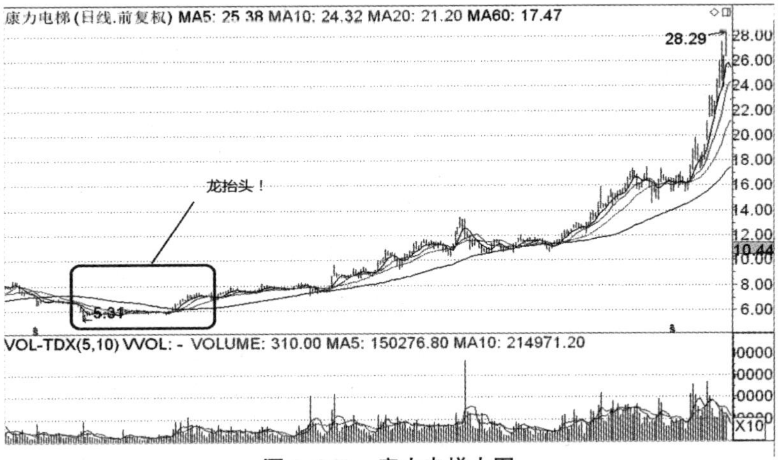

图 2–26B　康力电梯大图

　　2006 年 9 月，青岛海尔已经经过长期靠拢黏合在一起，但成交量没有明显放大，显示多方尚且底气不足。但到了 9 月 15 日，成交量明显放大，显然是多方按捺不住这种死气沉沉的格局，以全力冲击。当日股价在多方买盘的支撑下涨幅过3%，只是尾盘略有回落，以4.36元报收。一阳贯四线的龙抬头走势出现。接下来几日，股价加速上扬，勾画出了龙头。从此股价形成了上升通道，一年内股价冲破28元，涨幅近7倍，见图2-27A、图2-27B。

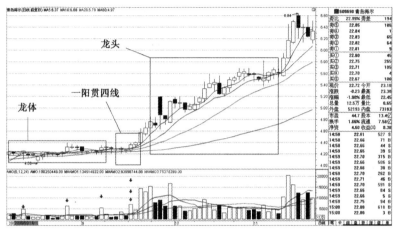

图2-27A　青岛海尔小图

图2-27B　青岛海尔大图

　　龙抬头一般是长期底部信号，预示着中长期的行情看好。在一阳贯四线处买入，是积极稳妥的买点，一般可获暴利。记住龙抬头的经典特点：成交量放大，一阳贯四线。龙抬头的另一个买点在龙头形成后，回调到 20 日均线附近。

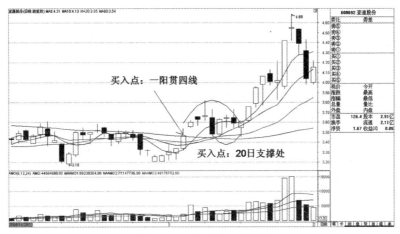

图 2-28A　龙抬头买点（1）

图 2-28B　龙抬头买点（2）

第六节 开闸放水：一阴贯多线

均线的黏合是多空出现极端分歧的地方，可以产生极强的上涨行情，比如龙抬头走势，也可以产生股价跳水的暴跌行情。一般高位的均线靠拢要特别警惕，这时要防备出现开闸放水的情况。开闸放水就是股价高位滞涨，均线在高位不断靠拢，聚拢成一束时，突然出现大长阴线，像一把铡刀同时贯穿切断几条均线，股价开始直线暴跌。阴线贯穿的均线数量越多，下跌的力道越猛烈。所以，开闸放水又可以称作一阴贯多线。

2015 年 6 月，杠杆牛市正处在最高潮的时刻。卫宁健康（原名卫宁软件）却出现了高位滞涨的态势，股价振幅逐步加大，重心也在不断下移。6 月 12 日，一根超过 9% 的巨阴线直接切断了四条均线，特别是被认为是牛熊分界线的 60 日均线，形成了一阴贯四线或者叫一阴切四线走势，见图 2-29。

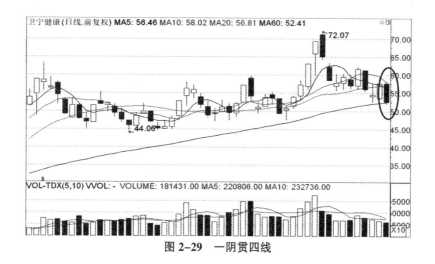

图 2-29 一阴贯四线

　　当代表短中长期走势的四条均线同时被一根巨阴线突然切断，便意味着市场格局发生了颠覆性变化。接下来，市场破位加速下行，跌势一发不可收拾。由此该股由疯牛直接转变为恶熊走势，令人震惊。两个多月，跌幅近70%，对于投资者特别是有融资杠杆的投资者，基本上意味着从此告别股市，见图2-30。

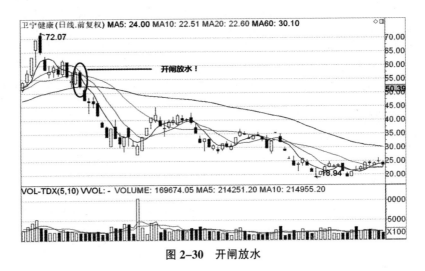

图2-30　开闸放水

　　开闸放水是非常可怕的股价跳水信号，其主要特征如下：

　　（1）股价处于高位，经过震荡，各均线趋于集中，一根阴线同时贯穿两条或多条均线。

　　（2）阴线贯穿的均线越多，下跌的幅度就会越大；阴线贯穿的均线越少，下跌幅度相对就小。

　　（3）阴线越长，杀伤力越大；阴线伴随的成交量越大，杀伤力度越大。从形态方面说，带长上影线的阴线杀伤力较强，带长上影线的光脚大阴线杀伤力更大，倒"T"形的杀伤力最大。这三种形态都是开闸放水最猛烈的K线形态，投资者应多加小心。

　　开闸放水的信号特点是一阴贯多线。在遇到这种信号时，应该在均线处将股票统统抛掉，这是最后的逃命点。晚一步，就可能会造成重大损失。在实战中，一次重大的失误足以让你长时间难以恢复元气。除了资金损失外，

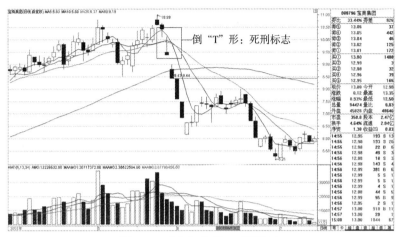

图 2-31　倒 "T" 形：死刑标志

你还将失去宝贵的投资信心。所以，投资者应该记住这个危险的信号，不要真正被蛇咬了才开始害怕井绳。

第七节　高位恐怖 K 线

很多投资者都在研究形态，其实 K 线本身也是形态。我们这里要讲述几种高位比较危险的信号。这些信号的作用不亚于一些经典的顶部形态，甚至更具指导作用，是最后出逃的信号。

首先，要清楚高位的概念。这里的高位是从近期底部开始计算的，已经有几波较大的涨幅，或者本波行情已经是处在历史的最高价位，而成交量却在不断缩小。

一、高位十字星

十字星是反转信号，十字星出现在高位自然不是好兆头。有人形容高位十字星是吊死鬼，可见其恐怖的杀伤力。很多历史性行情的反转都是从十字星开始的，技术分析派对其讳莫如深。

二、高位大阴线

在最高位置出现一根大阴线，对市场的冲击是非常大的。这一般是行情急跌的信号。杀伤力最大的大阴线有带光头光脚的大阴线、带下影线的大阴线和带上影线的大阴线。

三、高位下跌长阳线

原本是下跌，而K线形态却出现阳线，其中必有阴谋。下跌一般以阴线为主，出现阳线则可能是主力在早盘集合竞价时大量出货，开盘价被大幅压低，甚至以跌停价开盘；而后用少量的资金向上推动股价，然后又大肆出货；最后，将股价收到比开盘价高一点的价位，就出现了阳线。

四、高位螺旋桨

螺旋桨的指导意义类似于十字星。螺旋桨形的实体部分缩小成一条直线就是十字星了。高位出现螺旋桨是市场情况恶化的强烈信号。

（注：关于螺旋桨的论述请参阅《新股民快速入门》）

第八节　斜率就是速度：大角度拉升波

2016年12月中旬，主营建筑安全支护设备租赁的华铁科技发动了跨年行情。从成交量的急剧放大来看，主力资金流入非常明显，做多意图坚决。

在股价跳空高开之后，仍然维持了较强的上攻态势，股价走势呈现出非常明显的大角度爬升特征。上升途中虽然有一周左右的短暂空中整理，但重心并未下移，而后再次放量上攻，中间并无明显的间歇整理，大角度拉升一气呵成。至 2017 年 2 月中旬，用时两个月，股价翻番。

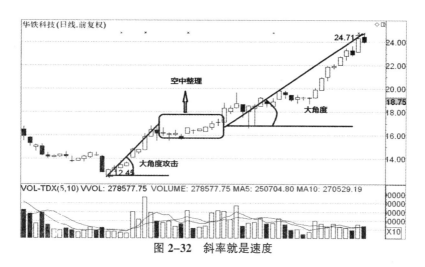

图 2-32　斜率就是速度

华铁科技这样的走势是一个典型的波段操作案例，它反映了一个非常重要的股价走势规律：斜率就是速度。

在一只股票沉闷的时候，如果其成交量开始出现放大现象，说明已经有资金在悄悄吸纳建仓。而突然出现的大阳线甚至是涨停板光头大阳线，则直接说明了有主力资金在大力运作。之后欢快的豆状小 K 线呈现较大的上升角度，说明了庄家运作的时间紧促。经过短暂的空中整理，就一鼓作气拉到目标价位。整个波段操作连贯而流畅，显示出主力的运作实力强悍。

有几个要点需要特别说明：

（1）股价在沉闷时，成交量已经开始放大。

（2）必须要有一个巨量长阳线来打破僵局，拉开股价飙升的序幕，这是亮出实力的表现。

（3）股价的上升角度应该在 45 度以上。

（4）空中整理短暂（不超过 10 天），且股价基本保持横盘。

（5）整个过程成交量必须维持在一定的水平，一鼓作气，不能明显缩量。

（6）一般时间不会超过3个月。这其实也是一个投资者应该知道的常识：涨得越快，越不长久。

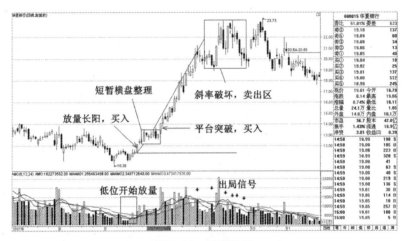

图2-33　华夏银行

大角度拉升波段一般出现在大盘蓝筹股，是大资金运作的乐土。对于大角度快速拉升的波段操作有以下建议：

（1）在低位放量并出现大阳线时，买入；

（2）在股价突破短暂整理区时，买入；

（3）在股价出现明显的变动时，卖出；

（4）在高位时，成交量开始缩减并出现不规则的大阴线，卖出。

对于大角度拉升波段，有的投资者往往不敢追涨，导致错过大行情。在了解其特点的情况下，果断跟进，可在短期内获得丰厚收益。一般这种股票的涨幅都会在100%以上，是波段操作者最喜欢的类型之一。

第九节 技术指标的骗线以及防骗技巧

为了更好地分析股价走势和指导准确交易，很多技术分析派大师们倾其智慧，开创了五花八门的技术指标，如 MACD 指标、KDJ 指标、SAR 指标、RSI 指标、CCI 指标等。如今技术指标是技术分析的重要手段，也是必不可少的辅助研判工具。但技术分析由于其本身设计的局限，很容易受到实力资金的操控，因而会产生骗线和假信号。换句话说，就是技术指标的结果是可以被人为制造出来的。技术分析都是以一定时间段内的股价等要素为参数，研究它们的相对变化。也正是因为技术指标研究的是相对的变化，只要掌握了大量筹码，就比较容易操控这些指标。

主力操控指标的办法是改变指标的关键取值（即参数），比如，开盘价、收盘价、最高价、最低价等。具体方法有：

（1）在指标即将见顶前将股价迅速拉高。

拉高股价除了依靠资金实力，还要借助股价向上突破后抛盘尚未挂出来的时候，迅速扫掉上面的小单或直接对倒，瞬间制造一个高点。由于上面的都是小单，或者是自己的单子，所以主力的成本得到了一定的控制（如果有大抛单，主力一般不会在此时轻易采取这种拉高方式）。主力就是这样用最少的代价，轻易制造出了一个最高价。最高价则是很多常用技术指标的关键参数，因而，指标也就被主力修改了。

（2）在股价回落时加大出货量，用低价制造出一个最低点，形成宽幅震荡的走势。

由于前期股价有一定的回落，市场心理受到很大的影响，因此，在低点附近抛盘相对较少，而抢反弹的承接盘纷纷加入，主力可借助这些承接盘出掉相当数量的筹码。

（3）在拉高和压低之后放手。

市场人气经过拉高后又瞬间压低变得消沉，只有少量买单进场，难以形成强大的上升力量。如果主力停止对倒，则成交量和股价会同时回落，从而达到了行情的回调整理和改动技术指标的作用。

主力通过以上方式在一段时间内达到操控技术指标的目的。当然，不同的技术指标的参数是不一样的，所以，技术指标的制造也不可能面面俱到，而主力会选择使用最广、市场认可最好的指标进行操控。虽然技术指标的数量越来越多，但市场上常用的指标和高度认可的指标只有几个，只要精通这几个指标的计算公式，在股价不是大幅波动的情况下，让技术指标快速调整到位是完全可以实现的。关键就是控制技术指标的取值参数。以下是 RSI 相对强弱指标的操控方法。

我们知道，RSI 指标的计算公式为：

$$N \text{ 日 RSI} = \frac{N \text{ 日内收盘涨幅值}}{N \text{ 日内收盘涨幅值} + N \text{ 日内收盘跌幅值}} \times 100$$

由算式得知，RSI 的取值在 0~100。具体操控举例如下。

表 2-2　RSI 指标变动原理

日期	收盘价（元）	当天涨幅（元）	涨幅之和（元）	当天跌幅（元）	跌幅之和（元）
T+1 日	20				
T+2 日	20.80	0.80	0.80		
T+3 日	20.40		0.80	0.40	0.40
T+4 日	22	1.60	2.40		0.40
T+5 日	23.20	1.20	3.60		0.80
T+6 日	22.40		3.60	0.80	1.20

由上得知：

T+6 日的 RSI（5）= 3.6÷（3.6 + 1.2）× 100 = 75

由于 RSI 指标仅仅设计收盘价，因此，只要掌握收盘价就可以达到制造指标值的目的。所以，这些指标就对单边的行情缺乏指导作用。比如，5 日走势都是上涨或者都是下跌，那么，指标的取值就等于 0 或者 100。

假设主力希望对某只股票的 RSI 指标进行调整，则 5 天内每天让股价只跌1分钱，那么第 5 天的 RSI 指标值一定是 0，因为升幅之和是 0。套用RSI

的公式，就可以得出这个答案。理论上，RSI 指标调整到 0 已经是调整得比较到位了，但实际上只是调整了 5 分钱，对几十元甚至几百元的股票，这相当于没有动。但 RSI 指标却在说假话，告诉我们调整到位了，应该看涨了，而当你买进时，主力也开始出货了。同理，主力要让 5 日 RSI 值变大，只需要每天操纵收盘价单边小幅上涨让 RSI 值等于 100，也可以实现迷惑投资者的目的，使其误认为已经涨幅过高、面临调整，而主力的意图却是明修栈道、暗度陈仓，要进行大幅拉升了。

表 2-3　五种常用技术指标操控方式

指　标	类　型	涉及关键值	操控方式简介
随机指标 KDJ	价格（超买超卖）	最高价、最低价、收盘价	（1）盘中迅速拉出最高价，接着迅速回落 （2）盘中迅速打出最低价，然后迅速拉回 （3）尾盘急拉或急升
相对强弱指标 RSI	价格（涨跌力量）	收盘价	控制收盘价（如前面讲到的单边小幅上涨或单边小幅下跌）
平滑移动平均线 MACD	趋势	盘中所有价格	改变股价运行节奏，如在横盘时扩大振幅；在暴涨时小幅回挡；在暴跌时小幅反弹
成交量变异率指标 VR	成交量	成交量	通过控盘缩量或者对倒放量改变成交量数值
震动升降指标 ASI	价格	最高价、最低价、开盘价、收盘价	根据需要改变四个关键值中的部分或者全部数值

从上面可以看出，只要精通指标的计算公式，主力可以用掌握的雄厚资金在公式上下功夫，让指标服从自己的意图。其实，其他指标的操纵原理和 RSI 大同小异，只不过公式不同，技术参数（即关键取值）不一样罢了。

由此可见，技术指标在一定程度上是可以控制的，但这并不能说明技术指标没有重要的指导作用。每个指标在设计时都有自己独特的地方和优势，也各有不足和缺陷。就像一副扳手，你可以用它来紧螺丝帽，却不能用来钉钉子。使用好技术指标也是股民必备技能。遗憾的是，绝大多数投资者没有认真地研究和学习。下面针对一些经典的常用技术指标做深入的探讨。我相信，读者读后会恍然大悟：哦，原来技术指标是这样使用的！

要做到精通使用技术指标，必须要先对指标的基本功用以及其本身的优缺点了如指掌。表 2-4 即为几种常用指标的设计情况说明。

表 2-4　几种常用指标使用说明

指标	基本买卖信号	优点	缺点	特殊使用技巧
相对强弱指标（RSI）	(1) RSI<20 为超卖区，买入；0≤RSI≤100；当 RSI>80 为超买区，卖出 (2) RSI 在 80 以上发生背离，卖出；在 20 以下发生背离，买入 (3) RSI 两次在超买区背离走出 M 头图形，卖出；RSI 两次在超卖区背离走出 W 底形态，买入。在牛市中，这种方法准确性更高 (4) 短期 RSI 金叉长期 RSI 是买入信号；短期 RSI 死叉长期 RSI 是卖出信号	能较清楚地看出买卖双方的意向	RSI 在进入超买区或超卖区以后，遇到持续大涨或持续大跌行情会出现钝化问题	(1) RSI 指标取值更改，如超级牛市可把超买超卖值分别调为 90 和 10；熊市则可把超买超卖分别调为 70 和 30 (2) 更改 RSI 的时间期限。比如看周线 (3) 结合各种经典图形。比如，头尖顶，W 底等
随机指标（KDJ）	(1) K 值在 80 以上为超买区，可冲高卖出。K 值在 20 以下为超卖区，可逢低买入 (2) 当 K 值向上突破 D 值形成金叉，买入；当 K 值向下突破 D 值形成死叉，卖出（金叉如果现在 30 以下，死叉出现在 70 以上，信号更加准确） (3) 如果 K 值在 50 以下，由下往上接连两次上穿 D 值，形成"W 底"形态时，买入；当 K 值在 80 以上交叉向下，形成"M 头"形态时，卖出	KDJ 融合了动量观念、强弱指标和移动平均线的一些优点，研判行情迅速、快捷、直观，是实用性最佳的技术指标	同上	不同的投资者使用的原则也不一样：大资金波段操作者一般应在周 KDJ 值在低位时逐步进场吸纳；对短线爱好者，30 分钟和 60 分钟 KDJ 是重要的参考指标
平滑移动平均线指标（MACD）	(1) 当白色的 DIF 上穿黄色的 MACD 形成黄金交叉，绿柱线 BAR 缩短，买入；当白色的 DIF 下穿黄色的 MACD 形成死亡交叉，红柱线 BAR 缩短，卖出 (2) 当股价升到高位，MACD 上升，而 DIF 却逐波下降，与股价走势形成顶背离，预示股价即将下跌，择机卖出；当股价跌至低位，MACD 下降，而 DIF 却不断上升，形成底背离，则预示股价将要上涨，择机买入	能够准确地反映中长期趋势，是最经典的技术指标之一	对于横盘整理会产生失真。对短期行情反映屡屡滞后	

续表

指标	基本买卖信号	优点	缺点	特殊使用技巧
平滑移动平均线指标（MACD）	(3) 如果在高位 DIF 两次由上向下穿过 MACD，形成 M 头，卖出；如果在低位 DIF 两次由下向上穿过 MACD，形成 W 底，买入。此信号较方法 2 准确可靠 (4) 当 MACD 从负数转向正数，表明行情空转多，买入；当 MACD 从正数转向负数，表明行情多转空，卖出			
停损指标（SAR）	(1) 当股票股价从 SAR 曲线下方向上突破 SAR 曲线时（即出现红圈时），买入 (2) 当股票股价从 SAR 曲线上方向下突破 SAR 曲线时（即出现红圈时），卖出	SAR 指标操作简单，买卖点明确，常常能够捕捉到连续拉升的大牛股	滞后	
顺势指标（CCI）	(1) 当 CCI 指标从下向上突破 +100（同时有大成交量配合最佳），表明股价脱离常态而进入暴涨阶段，买入；当 CCI 指标从上向下突破-100，表明股价将进入更深幅的下跌，空仓 (2) 当 CCI 指标从上向下突破 +100 线而进入常态区间，表明股价滞涨并进入盘整，卖出；当 CCI 指标从下向上突破-100 而进入常态区间，表明股价探底已近尾声，并随时可能转为上涨，买入 (3) 当 CCI 曲线处于远离+100 的高位，股价创新高，而 CCI 曲线却与其形成顶背离，开始走低，为行情反转的信号，卖出。如果出现 M 头形背离，则果断卖出 (4) 当 CCI 处于远离-100 线以下的低位区，股价持续下跌而 CCI 曲线在低位企稳回升，形成底背离，预示股价将要反弹，择机买入。如果出现 W 底或三重底，或 CCI 在-100 以下停留的时间越长，买入时机更准确	对于极端暴涨和暴跌行情有较好的指导作用	当 CCI 指标在 +100 到-100 运行，没有任何指导意义	

指标	基本买卖信号	优点	缺点	特殊使用技巧
震动升降指标（ASI）	（1）当 ASI 向下跌破前一次低点时为卖出信号。当 ASI 向上突破前一次高点时为买入信号 （2）股价由下往上，欲穿过前一波的高点套牢区时，于接近高点处，尚未确定能否顺利穿越之际，如果 ASI 领先股价，提早一步通过相对股价的前一波 ASI 高点，则次一日之后，可以确定股价必然能顺利突破高点套牢区 （3）股价由上往下，欲穿越前一波低点的密集支撑区时，于接近低点处，尚未确定是否将因失去信心，而跌破支撑之际。如果 ASI 领先股价，提早一步，跌破相对股价的前一波 ASI 低点，则次一日之后，可以确定股价将随后跌破价点支撑区 （4）股价走势一波比一波高，而 ASI 却未相对创新高点形成"牛背离"时，应卖出。股价走势一波比一波低，而 ASI 却未相对创新低点形成"熊背离"时，应买进	对股价波段运行指导作用非常大	短期交易信号不明确	
布林线（BOLL）	（1）当股价 K 线带量向上突破布林线的上轨，并且 TRIX 指标也已经发出底位"金叉"时，说明股价即将进入一个中长期上升通道之中，这是 BOLL 指标发出的买入信号。此时，投资者应及时地买入股票 （2）当布林线轨道很长一段时间的底位窄幅水平运动后，一旦股价 K 线带量向上突破布林线的上轨，同时原本狭窄的布林线通道突然开口向上时，说明股价即将脱离原来的水平运行通道、进入新的上升通道之中，这也是 BOLL 指标发出的买入信号	能够准确地分析股价的中线相对位置，对中短线交易有非常好的指导作用	对于持续的大涨或者大跌预测反应不明确。换句话说，就是对主力刻意制造的图形反应迟钝；对中线突破方向指示不明	

指标	基本买卖信号	优点	缺点	特殊使用技巧
布林线（BOLL）	（3）当股价K线向下突破布林线的中轨，并且TRIX指标也在已经发出高位"死叉"时，说明股价即将进入一个中长期下降通道之中，这是BOLL指标发出的卖出信号。此时，投资者应尽早清仓离场 （4）当布林线轨道很长一段时间的高位窄幅水平运动后，一旦股价K线向下突破布林线的下轨，同时原本狭窄的布林线通道突然开口向下时，说明股价即将脱离原来的水平运行通道，进入新的下降通道之中，这也是BOLL指标发出的卖出信号			
心理线指标（PSY）	（1）一般情况下，PSY值的变化都在25~75，说明多空双方基本处于平衡状态。如果PSY超出了这个平衡状态，就是PSY指标的超买超卖 （2）在盘整局面中，PSY指标的值应该在以50为中心的附近 （3）当PSY达到或超过75时，说明在N天内，上涨的天数远大于下跌的天数，多方的力量很强大而且持久。另外，由于上涨天数多，股票累计的获利盘也多，市场显示出超买的迹象，特别是在涨幅较大的情况下，股价上升的压力就会很大，股价可能很快回落调整，投资者应多加注意 （4）当PSY达到或低于25时，说明在N天内，下跌的天数远大于上涨的天数，空方力量比较强大，市场上悲观气氛比较浓，股价一路下跌。另外，由于下跌的天数较多，市场上显示超卖的迹象，特别是在跌幅较大的情况下，市场抛盘稀少，抛压较轻，股价可能会反弹向上	对于逃顶和抢反弹有非常良好的指导作用	正常行情下没有使用价值	

指标	基本买卖信号	优点	缺点	特殊使用技巧
心理线指标（PSY）	（5）如果 PSY 值出现大于 90 或小于 10 这种极端超买超卖情况，投资者更要多加注意			
威廉指标（W%R）	（1）0≤W%R≤100。由于 W%R 以研究空方力道为主，这与其他相似的震荡性指标以研究多方力道为主恰好相反，因此，W%R 80 以上为超卖区，20 以下为超买区。通常，为适应观察者的视觉感受，在图表的区间坐标上，将向下的方向处理为数值增大的方向 （2）由于其随机性强的缘故，若其进入超买区时，并不表示价格会马上回落，只要仍在其间波动，则仍为强势。当高出超买线（WMS%R=20）时，才发出卖出信号 （3）同上，当低过超卖线（WMS%R=80）时，才发出买入信号 （4）W%R=50 是多空平衡线，升破或跌破此线，是稳健投资者的买卖信号	可以提供比较合适的买卖区	不能够精确地给出买卖信号	公式中 N 的取值可灵活地改为 6、12、26 等，分别对应短期、中短期、中期的分析
成交量比率指标（VR）	（1）VR 值介于 40~70 区间时，为低价区域。VR 下跌至 40 以下时，市场极易形成底部；VR 值介于 80~150 区间时，为安全区域；VR 值介于 160~450 区间时，为获利区域。VR 值介于 450 以上的区间时，为警戒区域 （2）当 VR 曲线在低价区开始向上扬升，并且成交量开始放大，股价小幅上升，或 VR 曲线突破低价区股价曲线同步向上，买入 （3）当 VR 曲线突破低价区后，如果股价曲线也同步向上，表明股价的涨升力度开始加大，投资者可一路持股，直到 VR 曲线出现掉头向下的迹象	能够从成交量角度较好地反映股价的未来走势	（1）由于 VR 的值并没有上限，研判头部寻找卖点较困难 （2）当股价连续上涨或连续下跌会导致 VR 值发生趋向无限大或零的情况，使得指标无参考意义	（1）当 VR 曲线在高位形成 M 头或三重顶等顶部反转形态时，卖出；当 VR 曲线在低位出现 W 底或三重底等底部反转形态时，买入 （2）当股价 K 线图上的股价持续上涨，而 VR 曲线却逐步走低（即顶背离现象），是高位反转的信号，卖出；当股价持续下跌，而 VR 曲线却逐步爬高（即底背离现象），是股价将低位反转的信号，买入。顶背离的研判准确性要高于底背离

续表

指标	基本买卖信号	优点	缺点	特殊使用技巧
成交量比率指标（VR）	（4）当 VR 曲线进入安全区后继续上升时，如果股价曲线却在进行牛皮盘整，表明在此区间内，股票的换手比较充分，主力可能正在酝酿拉升行情，投资者应坚决以持股待涨为主，短线高手可加大买入力度 （5）当 VR 曲线进入警戒区域后，如果 VR 开始掉头向下，而股价曲线还在向上扬升时，则可能意味着股价出现了超买现象。一旦股价曲线也开始向下，则果断及时卖出全部股票			（3）为应付极端行情，选择较长时间的计算时期将可避免此情况发生。

由表 2-4 的指标可以看出，几乎每个指标都有自己独特的优点，但也有无法克服的缺点。实际上在研判行情时，专业高手都有一套自己的研判组合。根据每个指标的不同作用和使用场合，将这些指标进行取长补短的有效组合，从而提高投资的准确率。我们将根据多年实战经验而总结出的指标组合与投资者一起分享，这些指标组合曾为我们创造了许多奇迹。

一、指标组合：RSI + W%R + CCI

应用场合：超级短线获取连续暴涨收益。

使用方法：用 W%R 确定合理买卖区间，RSI 指标确定买卖交投情况，用 CCI 确立买卖信号。

说明：RSI 在进入超买区或超卖区以后，遇到持续大涨或持续大跌行情会出现钝化问题，而此时 CCI 指标正有用武之地。RSI 和 W%R 结合能够找出合理的交易区间和行情走向，以防 CCI 的过度灵敏造成交易过早。W%R 不能够精确地给出买卖信号，使用 CCI 就可以解决这个问题。

二、指标组合：KDJ + BOLL

应用场合：框定短期顶部和底部。

使用方法：用 BOLL 指标确立股票的中线状态，具体交易信号由最优秀的短线指标 KDJ 下达。如果两者发生冲突，在买入时以 BOLL 为准，以确定交易安全系数。在卖出时，以 KDJ 为准，以最大化地保证收益。

说明：KDJ 指标是超买超卖类指标，而布林线则是支撑压力类指标。两者结合在一起的好处是，可以使 KDJ 指标的信号更为精准。由于日 K 线指标体系中的布林线指标，往往反映的是价格的中期运行趋势，因此利用这两个指标来判定价格到底是短期波动还是中期波动具有一定作用，尤其适用于判断价格到底是短期见顶（底）还是中期上涨（下跌），具有比较好的研判效果。

布林线中的上轨有压力作用，中轨和下轨有支撑（压力）作用，因此当价格下跌到布林线中轨或者下轨时，可以不理会 KDJ 指标所发出的信号而采取操作。当然，如果 KDJ 指标也走到了低位，那么应视作短期趋势与中期趋势相互验证的结果，应采取更为积极的操作策略。但要注意的是，当价格下跌到布林线下轨时，即使受到支撑而出现回稳，KDJ 指标也同步上升，至多只能抢一次反弹（而抢反弹则需要另一个非常优秀的指标组合来完成）。

三、指标组合：VR + PSY

应用场合：抄底、抢反弹。

使用方法：用 VR 指标确定当前的量能状态，以获取买卖交易的最佳环境。由 PSY 心理指标确定具体的交易指令。

说明：VR 指标能够从成交量角度较好地反映股价的未来趋势，但由于 VR 的值并没有上限，研判头部寻找卖点较困难。而 PSY 指标的主要作用，就是用于诸如抄底抢反弹之类的特殊行情。二者结合可以在抢反弹的时候，以量能来确定趋势，以增强指标的准确性。

四、指标组合：MACD + ASI + KDJ

应用场合：波段操作。

使用方法：用 MACD 和 ASI 确定波段趋势（MACD 股价线向上突破均价线，ASI 低位金叉），用低位 KDJ 的背离或金叉信号作买进信号，用 KDJ 的 M 头背离或者钝化后背离作卖出信号。

说明：MACD 指标能够准确地反映中长期趋势，是最经典的技术指标之一。对于横盘整理会产生失真，对短期行情反应屡屡滞后。ASI 指标对股价波段运行指导作用非常大，但短期交易信号不明确。而 KDJ 指标就能非常敏锐地给出短线交易信号。MACD 指标 + ASI 指标确立了波段运行的有效性，在两者都处于上升趋势的时候，KDJ 的买入信号将更加准确，而卖出信号无效。而当两者都处于"死叉"或者靠拢，或者高危区（如 MACD 值大于 3，ASI 值大于 200）时，KDJ 的买入信号效果不好，但卖出信号更加准确。当 MACD 指标和 ASI 指标都处于下降趋势时，不适于操作波段。

五、指标组合：VR + MACD + SAR

应用场合：中长期操作。

使用方法：VR 指标在低位金叉形成上升趋势后，用 MACD 和 SAR 同时出现买入信号为买入信号；VR 呈现下降趋势，用 MACD 和 SAR 同时出现卖出信号为卖出信号。

说明：中长线操作注重的是获取主要上升趋势的利润，而忽略短期的小幅波动。而所有的上升趋势主要是资金的集中推动造成的，VR 指标从成交量的角度间接反映了资金的进出情况，为准确判断趋势提供了可靠依据。MACD 指标是研判趋势走向最经典的指标。SAR 虽然相对滞后，但能够锁定绝大部分利润。所以，两者结合就能给出最完美的中长期买卖信号。

以上五个指标在实战中屡试不爽，创下了辉煌的战绩。说得好不如做得好，投资者可以对其进行检验。

第三章　盘口风云

导言

操盘手为什么整日守在 K 线图旁？倘若只看 K 线，每天就是一根，几乎没有什么大的改变。操盘手的主要目的在于，通过盘口的信息，分析目前股价的形势，从具体的信息中得出买入、卖出或不动的决策。盘口的阅读水平直接决定了操盘的水平。假如现在你是一个指挥着千军万马的司令，你必须要了解敌我形势，了解沙场点兵的艺术，那么盘口会告诉你一切。

第一节　集合竞价窥探股价暗流

9：15~9：25 是集合竞价时间。这段时间对于多数投资者来讲就是等待。其实，仅仅这十分钟，却仍然暗流涌动。很多的私下交易如果搬到正常时间来做很难见效，集合竞价则给这些私下的交易提供了一个完美的屏障。

一、集合竞价拉升

如果强悍的主力旨在拉升股价，为了减少跟风盘，往往会把拉升安排在集合竞价时间。你会看到集合竞价的价格波动在不断上升，甚至达到涨停价格。沪深两市最强悍的股票，就是开盘就涨停，而且这些涨停具有很强的连续性。当然，主力肯定是要根据抛盘的成交量情况做出决定，否则又增加了过多的筹码。在竞价最后时刻，只要主力对目前的抛盘感觉不是压力，就会以天量直接将股价顶在涨停板上。等到开盘后，跟风盘就只能排队，主力的封单太大，让跟风盘没有机会再成交了。即使不是涨停开盘，跳空高开也会对股价冲刺有一定的催化作用。

如果遇到在竞价时价格不断上升的股票，而且股价在相对的低位，或者洗盘到合理价位，则可以适当介入做多。

二、集合竞价出货

2007 年 6 月 20 日，四川长虹在竞价时，主力故意在距涨停价差一分钱的 13.20 元打了大买单（涨停价 13.21 元），开始买单并不多，快到 9:25 时，涨停价买单逐渐增多。而当日是以 13.00 元开盘，可以推断主力在 9:24:59 以前以绝对大卖单 13 元定价砸盘。这明显就是要套牢 13 元以上追涨的人，达

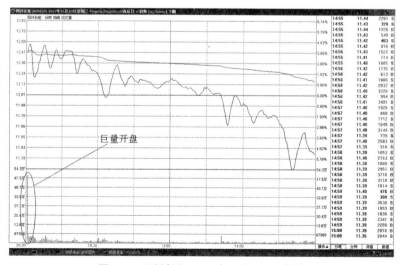

图 3-1　四川长虹 2007 年 6 月 20 日走势

到锁定这部分筹码的目的，短短几分钟时间换手超过 5%。前半个小时换手达9.58%，如此高的换手足以把 18 日和 19 日涨停吸的货砸完（两天换手共7%）。由此可见，集合竞价也是充满陷阱。投资者在实战中一定要注意，如果股价已经有相当的涨幅，不要在集合竞价时贸然参与竞价价格大涨甚至是涨停的股票。

四川长虹当日换手率为 23.72%，成交额为 37.95 亿元，显示主力成功逃顶，其技法剽悍老练。

三、集合竞价推测大盘

沪深两市的集合竞价的总体情况，能够帮助我们推断当日大盘的走势。

在竞价时，虽然有些异动的股票出现了不合常规的价格，但是，从两市股票总体来看，开盘价能够反映市场对于当日走势的预期。所以，通过某些权重股的开盘竞价情况，可以大致预测一下当日的走势。比如，中国石油、中国石化、中国中铁、中国国航、大秦铁路、工商银行、中国联通、宝钢集团等大盘指标股，当日竞价价格都不断走高，反映了市场对当日做多的预期强烈，而当日这些股票高开的可能性就很大，高开能够强烈地刺激市场，从而可以判断当日大盘以上涨为主。反之，如大盘指标股在竞价时走低的居多，当日开盘就不太乐观，很可能低开。一旦低开，市场人气会受到一定的影响，而大盘当日会趋于下跌。虽然这不是绝对的，但是却有相当的指导作用。特别是对于短线操作者，尤其要学会这项能力。

第二节　高开、平开与低开

投资者每个交易日遇到的第一件事就是开盘。虽然开盘价是一天中相对于最高价、最低价和收盘价影响最小的一个数据，但是，开盘价其实也蕴藏着很多玄机。本节主要通过开盘价来揣摩推断一天可能的走势情况。长期坚持研究开盘价，你会发现很多有益的启示。

开盘的方式主要有三种：高开、平开和低开。下面我们将对这三种开盘方式做深入的研判，但是，这里首先要说明，我们研判行情是动态和有延续性的。所以，在研究开盘价之前，需要对昨天甚至近几天的走势情况和成交量情况做到胸中有数。

一、高开

高开可以分为巨量高开、常量高开和低量高开。这三种高开的方式发生在不同的趋势和时空位置，市场意义完全不同。

1. 巨量高开

即开盘时成交量特别大。当然，这是与昨天或者近几日的成交量相比较得出的。

巨量高开发生在高位有两种可能：一是该股有重大利好消息，刺激买方积极性，导致在开盘前撮合成交时直接以高于昨日收盘价开盘。二是主力刻意拉高，以吸引人气，为出货做准备。从波浪理论上讲，高位高开是一种积极的冲刺信号，但也要时刻留意走势的微妙变化，以应对潜在的风险。巨量高开发生在中低位，是市场能量聚集的表现。股价经过大幅下挫，已经到了市场认为是低估的范围，遂发生了大规模的抢筹现象。低位巨量高开表明市场对股票未来行情看好，是股价积极上涨的信号，也有可能是主力为了建仓和拉升做出的突击行动。

一般来讲，中低位的巨量高开是一种看涨信号，可靠性较高。

2. 常量高开（平量高开）

常量高开一般是市场情绪高涨的结果，这种情绪也有两种情况：一是大盘看涨、个股普涨，广大投资者都看好的股票会出现买方力量过盛，导致竞价时高于昨日收盘价开盘。二是大盘一直处于下跌中，到了关键的心理价位，投资者的一次集中补仓或抢反弹行为。常量高开需要结合盘中的具体走势来推断股价的走向。

3. 低量高开

这种情况一般非散户为之。低量高开发生在相对低位的概率较大。出现这种情况的原因是，主力通过在低位的悄悄吸筹，已经掌握了大部分的筹码，并很好地进行了锁定。低量高开一般是主力的拉升行为，股价飙升一触即发，这是一个积极的买入信号。熟练掌握这项技能能够在短时间内获取极大的收益。

需要特别说明的是，如果股价大幅高开，甚至直接以涨停板开盘，则说明主力做多意向非常明确。而且，这种行为也证明了主力实力的强悍。在沪深两市，不难发现连续涨停的个股，这些个股有个共同的特点就是，开盘大幅高开或直接涨停开盘，主力的封停单巨大，果断而坚决。这样做的好处是，不给跟风盘机会，从而减轻了主力的拉升负担。

如何准确把握这个信号呢？主要有两点：一是前面低位有成交量明显放大的情况，即庄家的建仓或加仓行为；二是股价到达一个高点后小幅回调（大约是高点的1/3处最好），并且成交量明显缩小，即庄家的震仓行为。如果有以上两个信号，则低量高开可积极跟进。

二、平开

平价开盘中最具有研究意义的是巨量平开。巨量平开有如下几个意义：

（1）偶然的大单买卖同时发生，导致在平价开盘时出现大量。这种情况出现非常少，没有深入的研究价值。

（2）主力在竞价时以昨日收盘价大量购买，造成平价开盘。出现这种情况，卖出者一般和庄家有某种联系。这样做的目的有两个：一是继续吸纳筹码，二是达到控制股价走势的目的。

（3）主力自己对倒开盘。主力对倒开盘主要是为了吸引依靠技术分析的投资者的眼球。因为很多投资者只以浅显的放量就会上涨的理论为指导，往往被主力利用，以放量做诱饵，让投资者配合其运作的节奏。主力的对倒一般出现在两个阶段：一是拉升阶段，放量是为了吸引散户"抬轿子"，而自己享受"坐轿子"；二是出现在出货阶段，放量是为了吸引投资者接收其高价的筹码。

判断上述三种情况，需要在接下来的走势里寻找答案。如果盘中走势正常，那么，偶然性的因素更多一些；如果盘中走势没有什么大的起伏，而只见到几笔大单子在做成交量，那么，主力刻意为之的可能性更大一些。

三、低开

低开一般是市场恐慌性抛售造成的，即整个市场人气脆弱，空方力量暂时大于多方力量，造成低价开盘。低开一般是市场继续维持看空的信号。

特别需要注意的是，巨量低开，即集合竞价产生的成交量特别大。出现这种情况一般都是主力刻意为之，目的在于利益集团之间的利益输送。如果在开盘以后以同样的价位来完成换手，主力会因为市场上大量的买单而无法完全成交，即单子被市场散单低价接走，因而会付出惨重的代价。在开盘前的集合竞价状态下，市场散单就不会过多地扰乱交易，从而能够顺利地完成利益输送。

判断主力利益输送的依据是开盘后的走势情况。如果开盘后，股价迅速恢复原来的走势，则可以确认利益输送有效。通过这个细节，可以让你了解到主力还在运作该股，后市值得看好。

第三节　收盘价的解读

收盘价是每天交易的最后一个价格，也是全天交易最重要的一个价格。前面讲到过的关于价格类的技术指标，都会牵扯收盘价。围绕收盘价这个重要的数据，我们展开一系列的解读，不难从中发现很多有益的启示。

一、自然收盘

自然收盘就是尾盘的委托买入和卖出都非常正常，五档买卖价位分布相对均匀。表明庄家没有过多在收盘价上做文章。

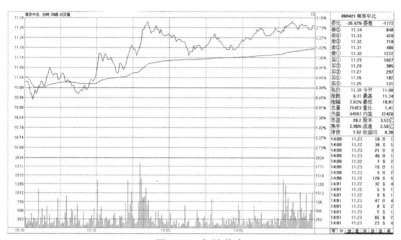

图 3-2 自然收盘

二、叫卖空虚收盘

叫卖空虚收盘，即收盘价大幅低于卖①而接近或以买①而成交，见图3-3。

从图3-3中可以看出，上面五档委托卖盘价格距离成交价太远，而是以买①价成交，这种情况需要引起注意。出现上挡空虚的情况，有两种情况需要区别对待：

一是该股整日成交极其清淡，或是当日大盘尾盘跳水，该股恐慌性抛盘不计价格地杀跌，导致上挡空虚。这都是一种自然成交结果。

二是大盘走势正常，该股盘中成交也比较正常，而尾盘却突然杀跌。这种情况一般不是市场自然成交，而是有主力在运作收盘价，见图3-4。

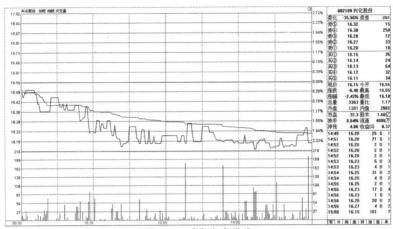

图 3-3　叫卖空虚收盘

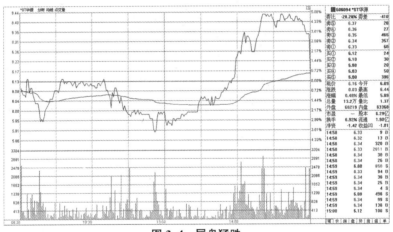

图 3-4　尾盘猛跌

从图 3-4 中我们可以看到，最后两笔单子成交数量特别大。其实，绝大多数是主力自己的单子，散户的只占很小一部分，否则不可能这么轻松地将价格突然大幅压低。按照上海市场的交易规则，最后的成交价格是最后一分钟的交易均价，而在这一分钟里可能会有很多个价格，所以，一般在成交栏里，你可以看到主力运作的轨迹。

主力运作收盘价的目的有很多。前面我们讲到的钝化技术指标，制造技术骗线就是其中的一个目的。另外，瞬间压低价格，可以在低位接到更多的廉价筹码。

三、叫买空虚收盘

收盘下挡空虚，即收盘价远高于买①而接近或以卖①而成交。

收盘下挡空虚一般伴随着尾盘的猛拉现象。自然成交下的收盘下挡空虚绝大多数发生在弱市中或熊市中的小盘股或者冷门股，成交极其清淡，委托单价格间隔较大。偶尔一笔稍大点的买单就直接将股价推高到买盘位置，而下面远远地挂着几笔委买单。

收盘下挡空虚现象主要是主力所为。即主力借助大盘好转，在收盘前将上面较少的委卖盘直接打掉。由于时间紧促，或者主力本不愿意增加筹码，所以，在委托买方有较大的委托价位间隔或者极少的象征性的委托买单，见图3-5。

图3-5　叫买空虚收盘

主力制造收盘下挡空虚说明了两点：第一，该股是主力重仓股，而且已经完成了建仓，判断的依据是委托买卖盘的稀少（多数流通盘已经被控制），以及拉升后主力不愿挂出委买单（即不愿增加筹码，说明主力筹码已经收集充足）；第二，主力有强烈的护盘或拉高意向，即此时还没有脱离建仓成本区或没有到主力的目标价位。综合来看，一般尾盘的急拉现象是一个好的信号，表明未来行情看好。

如果出现尾盘急拉现象后，次日出现大的成交量，则应谨防骗线。因为尾盘急拉对短线可以造成技术指标的变动。

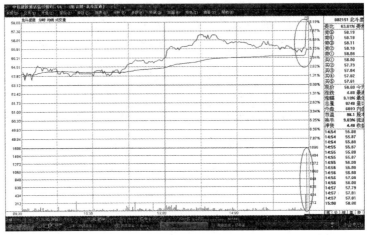

图 3-6　尾盘急拉

第四节　量比瞄准黑马

成交量的变化对股价未来走势的研判有极其重要的作用，而量比指标就是直接反映成交量相对变化的指标。

量比反映的是每分钟的平均成交量与过去 5 个交易日每分钟平均成交量的比较情况。量比的计算公式为：

量比 = 现成交总手 /［过去 5 个交易日平均每分钟成交量 × 当日累计开市时间（分钟）］

量比所反映的是当前盘口的成交力度与最近五天的成交力度的差别，从某种意义上讲，差别值越大表明盘口成交越活跃，越能体现主力即时做盘，准备随时展开攻击前蠢蠢欲动的盘口特征。所以，可以说量比指标是盘口语言的翻译器，它是超级短线临盘实战洞察主力短时间动向的秘密武器之一。

行情分析交易系统里每个交易日都会接收到沪深两市传出的实时量比排行数据，见图3-7。

	代码	名称	今开	卖价	买价	昨收	市盈(动)	总金额	量比
1	603626	科森科技	48.07	--	48.07	43.70	60.71	11.8亿	1036.01
2	300602	飞荣达	60.87	58.58	58.57	55.34	57.94	8.87亿	310.48
3	603089	正裕工业	47.81	44.25	44.22	43.46	52.28	7.77亿	234.74
4	002843	泰嘉股份	36.61	34.08	34.07	33.28	124.63	8.25亿	121.61
5	603966	法兰泰克	33.08	31.47	31.44	30.07	103.36	7.88亿	103.48
6	603677	奇精机械	71.74	65.30	65.26	65.23	63.96	8.46亿	63.82
7	300597	吉大通信	30.25	--	30.25	27.50	150.40	1.49亿	17.05
8	601099	太平洋	5.19	5.34	5.33	5.04	94.43	23.7亿	16.27
9	002228	合兴包装	5.17	5.46	5.45	5.17	61.01	3.51亿	10.48
10	002845	同兴达	65.70	59.14		65.71	105.93	7.79亿	9.37
11	600135	乐凯胶片	14.21	15.18	15.16	14.23	102.52	6.12亿	9.14
12	603429	集友股份	67.78	62.51	62.50	67.79	95.58	6.45亿	8.78
13	300123	太阳鸟	20.08	--	20.08	18.25	471.10	4.55亿	7.37
14	000753	漳州发展	5.90	6.05	6.04	5.71	277.82	12.4亿	6.80
15	300419	浩丰科技	26.34	--	28.83	26.21	93.40	2.23亿	6.80
16	002413	雷科防务	11.99	12.85	12.84	11.99	164.06	5.65亿	6.68

图3-7　两市量比排行

投资者需要充分利用这些数据，发现有异动的个股，以帮助自己找到具有显著投资价值的股票。下面具体介绍一下量比在实战中的运用。

一般情况下，量比数值大于1，说明当日每分钟的平均成交量大于过去5个交易日的平均数值，成交比过去5日的平均成交更火爆；量比数值小于1，表明现在的成交比不上过去5日的平均水平，成交量出现萎缩。

在实战中，更有指导作用的是量比大于2和小于1。量比大于2表明市场成交变得更加积极，量比小于1则表明交易趋向清淡。量比对于行情的启动和结束有提前的预警作用。一般波段行情的起点会有量比放大的情况，这是做多资金不断流入的表现。短线爱好者可以在低位或者调整行情末端寻找量比突然放大的个股（量比在2以上），一旦股价出现快速启动，则迅速在第一时间介入，享受股价"井喷"的乐趣。如图3-8所示，力合股份经过一段时间的下跌，成交量缩小到地量，突然量比放大，股价拔地而起，跳跃式喷发，两周内就实现翻番。

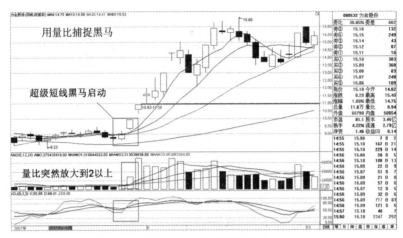

图 3-8　量比捕捉黑马

　　坚持不懈地通过量比来发现启动前的黑马，已经成为短线高手的必备功课和核心秘密武器。

第五节　换手率的解读

　　如果说量比是观察相对成交量的情况，换手率则是观察股票绝对成交量的指标。

　　换手率是指在一定的时间范围内某只股票的累计成交股数占流通股的比率。换手率高说明资金进出频繁，换手率低则说明资金进出较少。一般都用个股的换手率和大盘的换手率做对比来判断个股或一个板块的活跃程度。

　　换手率可以判断和衡量多空双方分歧的程度。低换手率表明多空双方对当前的价位相对妥协，股价一般会由于成交低廉而出现小幅下跌或步入横盘整理。高换手率则表明多空双方的分歧较大，多空争夺比较激烈，但还无法判断股价的走向趋势。此时，需将换手率与股价走势相结合，进而对未来的股价做出一定的预测和判断。这就像战争，一场大规模的鏖战，从战争的激烈程度并不能判断哪方的输赢，还必须要看哪方的战线在不断向前推移、哪方在不断萎缩。股票换手率高而股价出现上涨，则表明多方实力处于优势，股价以看涨为主；股价换手率高而股价出现下跌，则表明空方的实力处于优势，股价以看空为主。

	代码	名称	涨幅%	现价	日涨跌	买入价	卖出价	总量	现量	涨速%	换手%	今开	昨收	市盈率	最高	最低	总金额	振幅%
1	600540	新赛股份	3.34	15.46	0.50	15.48	15.49	25.0万	256	0.00	27.38	15.50	14.96	72.67	16.29	14.99	3.91亿	8.69
2	000799	*ST 酒鬼	15.05	31.95	4.18	31.95	31.96	28.5万	3075	-0.15	22.12	29.50	27.77	245.25	35.00	28.90	9.03亿	21.97
3	000418	小天鹅A	-0.68	21.90	-0.15	21.89	21.90	27.6万	3916	0.00	20.72	22.26	22.05	29.80	24.26	21.65	6.44亿	11.84
4	600405	动力源	-9.06	15.56	-1.55	15.56	15.58	37.0万	535	-0.51	19.21	17.11	17.11	—	18.00	15.60	5.90亿	14.61
5	000605	*ST 四环	4.99	29.06	1.38	29.06	—	58273	2	0.00	18.59	29.06	27.68	—	29.06	27.48	1.68亿	5.71
6	600485	中创信测	2.10	16.55	0.34	16.53	16.54	12.1万	97	-0.60	16.49	16.45	16.21	—	17.05	16.20	2.01亿	5.24
7	000955	欣龙控股	8.18	7.01	0.53	7.01	7.02	24.4万	2342	0.00	15.83	6.45	6.48	—	7.12	6.31	1.67亿	12.50
8	000922	*ST 阿继	-1.41	13.31	-0.19	13.31	13.32	26.7万	3187	0.37	15.54	14.18	13.50	—	14.18	13.05	3.68亿	8.37
9	002006	精工科技	9.98	20.83	1.89	20.83	—	86224	126	0.00	15.53	19.13	18.94	243.05	20.83	19.13	1.75亿	8.98
10	600433	冠豪高新	6.72	12.87	0.81	12.85	12.88	12.2万	130	-0.23	15.44	12.29	12.06	244.58	13.19	12.11	1.55亿	8.96
11	000705	浙江震元	5.78	10.06	0.55	10.05	10.06	14.4万	2205	0.29	14.53	9.51	9.51	204.94	10.45	9.46	1.43亿	10.41
12	000498	*ST 丹化	5.06	8.09	0.39	8.09	—	34.8万	532	0.00	14.34	7.61	7.70	—	8.09	7.33	2.70亿	9.87
13	000833	贵糖股份	-1.59	14.22	-0.23	14.22	14.23	20.2万	2226	0.07	14.25	14.50	14.45	56.28	14.55	13.68	2.85亿	6.02
14	002118	紫鑫药业	9.70	42.29	3.74	42.29	42.30	23745	399	0.21	14.05	38.40	38.55	81.82	42.41	38.20	9784.73万	10.92
15	600629	ST棱光	5.02	18.83	0.90	18.82	18.83	80952	24	0.05	14.02	18.83	17.93	64.07	18.83	18.00	1.52亿	4.63
16	600644	乐山电力	9.99	16.40	1.49	16.40	—	33.3万	4	0.00	13.65	14.95	14.91	75.22	16.40	14.95	5.29亿	9.73
17	000862	银星能源	0.15	19.39	0.03	19.39	19.40	22.7万	2431	0.05	13.37	19.70	19.36	344.26	19.98	18.40	4.39亿	8.16
18	000661	长春高新	3.71	16.20	0.58	16.19	16.20	12.3万	2235	0.30	13.35	15.55	15.62	527.10	16.20	15.31	1.94亿	5.70
19	000701	厦门信达	7.04	10.80	0.71	10.79	10.80	21.9万	3092	0.46	12.69	10.10	10.09	57.60	10.99	9.90	2.30亿	10.80
20	000822	山东海化	8.99	20.00	1.65	19.99	20.00	61.8万	12067	-0.79	12.44	18.31	18.35	52.50	20.19	17.72	11.69亿	13.46
21	002150	江苏通润	7.82	39.45	2.86	39.45	39.47	21456	302	-0.25	12.26	36.72	36.59	50.64	39.87	36.71	8306.83万	8.64
22	600249	两面针	9.94	41.03	3.71	41.04	41.05	30.0万	285	0.19	11.90	38.32	37.32	14.78	41.05	38.00	12.06亿	8.17
23	600689	上海三毛	1.72	15.35	0.26	15.34	15.35	11.8万	14	0.00	11.80	15.00	15.09	18.35	15.53	14.76	1.80亿	5.10
24	600791	天创置业	10.02	19.66	1.79	19.66	—	14.3万	11	0.00	11.78	18.00	17.87	139.74	19.66	17.92	2.70亿	9.74
25	000851	高鸿股份	-2.64	12.91	-0.35	12.91	12.92	19.8万	847	-0.46	11.88	13.19	13.26	393.32	13.85	12.90	2.65亿	7.16
26	000576	广东甘化	-4.73	8.46	-0.42	8.46	8.47	28.5万	1198	0.23	11.45	8.86	8.88	—	8.86	8.31	2.43亿	6.19
27	600257	洞庭水殖	-2.87	10.16	-0.30	10.15	10.16	24.1万	69	0.19	11.43	10.28	10.46	210.23	10.34	9.92	2.44亿	4.02
28	002193	山东如意	2.25	25.42	0.56	25.41	25.42	18180	604	0.23	11.36	24.76	24.86	63.24	25.50	24.61	4575.06万	3.58
29	600889	南京化纤	7.35	16.64	1.14	16.60	16.61	14.0万	16	0.24	11.10	15.50	15.50	94.18	16.77	15.25	2.24亿	9.81
30	600513	联环药业	-2.51	17.40	-0.45	17.49	17.50	39661	5	0.98	10.94	17.75	17.93	108.55	17.75	16.80	6860.63万	5.30

图 3–9 换手率排行榜第一版面集中了当日最强势的股票和最弱势的股票

高换手率是股价大涨的重要信号之一。建议投资者积极用换手率排行发现换手频繁的股票。这是产生黑马的富集地区。如果换手率最高的股票同时出现了上涨的态势，则股价后市乐观。反之，换手率高而出现下跌态势，则后市看淡。

需要注意的是，换手率是股价活跃的信号，这里的活跃有双重含义，要么是涨的活跃，要么是跌的活跃。比如，某日沪深两市换手率排行显示，次新股和新疆板块相关上市公司密集上榜，则说明近期市场资金活跃在这两个板块，也说明这两个板块投资者的多空分歧加大。一旦多空（决战）平衡被打破，则行情将会倒向优胜一方，形成强势单边市场，而且这种单边行情会具有相当强的持续性。细心的投资者会发现换手率较高的上市公司，出现在涨幅排行或者跌幅排行中的概率也是非常高的，并且未来一段时间，行情延续的概率较大。这就是要把换手率和股价走势相结合的原因。

为了更准确地判断行情的走向，投资者可以将换手率和股票的相对价位结合分析。如果此前个股经过长期下跌和成交量萎缩后持续出现较高的换手率，则一般可以看作是新增资金介入较为明显的一种迹象。此时高换手的研判准确性较高。此类个股未来的上涨空间较大，并可能成为超级强势股。投资者应对这些个股重点关注。如果个股是在相对高位突然出现高换手，一般成为下跌前兆的可能性较大，这一般是主力出货的重要特点。

总之，换手率是发现超级强势股票的重要因素，但却不应该单独静态使用。最好的办法是，换手率结合当前的股价走向和时空。

第六节　奇怪的委托单

技术分析的战场是 K 线图，而 K 线图形成的最原始数据却来自五档委托卖单和五档委托买单。在这上下五档价位的委托单上，所有投资者展开充分的对话交流。可是，就是这些委托单，蕴藏着丰富的玄机。准确解读委托数据对于研判未来行情和过程控制有非常重要的作用。

一般情况下的委托单应该是上下五档大体相当，而且从开盘到收盘的变化不会太大。它体现了交易双方的正常交易秩序。如果委托买盘比委托卖盘大，则股价上涨的可能性较大。而如果委托卖盘比委托买盘大，则股价下跌的可能性较大。但是，很多股票在实际交易中却有许多特殊的委托现象，从某种意义上说，这些现象才是我们真正要解读的。我们要通过这些现象了解主力资金的意向，进而辅助我们推断未来的行情。

一、拦截大单

拦截大单就是在上挡全是大卖单的情况下，下挡却只是微不足道的小买单，只有第一买单比较大，才可以阻截和抗衡来自上挡的压力。我们把这个第一买单叫作拦截大单，见图 3-10。

卖⑤	17.55	869
卖④	17.54	592
卖③	17.53	285
卖②	17.52	876
卖①	17.51	433
买①	17.50	980
买②	17.49	24
买③	17.48	71
买④	17.47	89
买⑤	17.46	52

图 3-10　买①阻截式大单

从图 3-10 中可以看出，上挡五个卖出价位的挂单都是几百手，而下挡的接单只有第一接盘的 980 手为大单，其他的都是 100 手以下的小单。买①的大单子就是阻截式大单。

如果以上情况持续地维持了相当一段时间，那么，这绝对不是偶然现象。我们可以得出以下几种意义：

（1）市场上的浮筹已经不多，剩下的持股者是坚定的持股者。

从总体上来看，下挡的买盘实力与上挡的卖盘实力相差悬殊，单靠第一档的阻截式大单只能起到暂时稳定心理作用，实质上无力阻挡上挡排山倒海般的压力。问题的关键是，这种情况却一直维持了很长时间，如果上面的大单真正想抛，则阻截式大单早已被还没有显示出来的单子直接砸掉。由此可以推断，市场上浮动的大单已经所剩无几。坚定持股者是谁？此时，能够冷静持股的人，只有两种人，那就是长期投资者或者是主力。长期投资者的持股相当于被冻结为非流通股，几乎可以忽略不理，那么，只有主力持股值得注意了。主力在此时逼空了市场上的大单，说明了上挡的大单只能是主力自己的，而且主力仓位已经非常重。

（2）阻截式大单长时间地停留在第一买盘，则下面的买盘想成交就必须排在阻截式大单前面，也就是只能直接对准上挡的抛盘价吃货。按照市场的交易规则，首先成交的价格是卖①的价格（17.51 元）。

（3）既然上挡的主力大单能够持续挂在上挡，说明主力希望市场帮助自己消化一部分筹码。市场消化以后，又不断压盘出来，价格当然是在 17.51

元或更高。主力在此时愿意卖出股票，说明此时已经脱离其成本区；而不愿意大规模出货（没有直接向下砸，否则下面的单子早被干光了），则说明此时的价位还不到主力的目标价位。一句话，主力很可能正处在拉升阶段。

通过阻截式大单，我们可以得出主力目前的运作情况和进程，则我们可以主动跟进，等待主力拉升，享受"坐轿子"的感觉。当然，具体的操作还要结合量价关系和当前的时空来辅助研判。

二、委托单幕后变脸

1. 委托卖单幕后变脸

我们一般看到的挂单是五个挡位的卖单和五个挡位的买单。其实，这只是市场中的一部分委托单。另外，有相当一部分的成交单是在挂出来的同时直接成交，而没有显示在委托买卖的档位上。体现市场真正意图的单子绝大多数都是通过这种方式成交的。静态的单子体现了一种被动的意愿，亦即你主动来吧，否则我不会奉陪。但是我们这里也可以对挂出来的单子做一定的分析，从中不难得出有益的启发。这对于波段操作也是不无裨益的。其中，有一种非常奇特的挂单方式——幕后变脸的挂单，颇有意味。

请看下面图3-11、图3-12、图3-13。这三个图是按照时间的先后顺序排列的。也就是说，在盘口出现图3-11的情况后，过了一段时间，出现了图3-12的盘口交易情况，又过了一段时间，出现了图3-13的交易情况。你

卖⑤	17.55	869
卖④	17.54	592
卖③	17.53	285
卖②	17.52	876
卖①	17.51	433
买①	17.50	51
买②	17.49	24
买③	17.48	71
买④	17.47	58
买⑤	17.46	20

图3-11 初始卖方五档都是三位数

卖⑤	17.49	86
卖④	17.48	92
卖③	17.47	85
卖②	17.46	76
卖①	17.44	43
买①	17.43	99
买②	17.42	79
买③	17.41	142
买④	17.39	89
买⑤	17.37	80

图 3-12 股价波动后的挂单

卖⑤	17.55	69
卖④	17.54	59
卖③	17.53	25
卖②	17.52	87
卖①	17.51	63
买①	17.50	90
买②	17.49	74
买③	17.48	71
买④	17.47	89
买⑤	17.46	52

图 3-13 股价复原后卖方都变脸为两位数

能从三个图的委托单中发现什么变化？

图 3-11：从上挡的接抛盘数量来看，上挡是非常明显的大单压顶，而下挡则是不超过两位数的接单。

图 3-12：过了一段时间后的又一次交易状况。由于股价下跌，委托单的价位档已经向下推移了，显示的上挡的最高的第五卖出价也没有超过图 3-11 的第一卖出价。所以，原来上面那些大挂单已经超出了行情交易软件所能显示的五档限制区域。

图 3-13：这是又过了一段时间的委托单。

请注意：上面五档卖盘还是原来的价格，但是后面的数量却不是刚才乌云压顶的大挂单了。即委托卖单经过刚才的显示盲区后，迅速进行了变脸，都变成了小单子。

单从市场层面去理解，就是股价下跌以后，前期挂在上面的大单子都撤单了。可是，这里并不是一个或者两个价位的挂单，它至少是整整五个价位的大单子（说不定还有没显示出来的委托大卖单）。一次集体消失，从概率上来说，市场自然形成的因素极小。可以推断，这些单子应该属于同一个投资者，这个投资者就是主力。

主力挂出大单又幕后撤单的意图是什么呢？

按照常理，上面五个价位都压着大单子，显示抛盘很重，股价应该往下跌。而图 3-13 告诉我们，大挂单幕后消失了。既然没有大挂单，让股价下跌又回升以后不再挂出大笔的压单，却不再阻止股价往上走，那主力为什么要让股价下跌呢？

答案是，主力迅速探底以达到对技术指标的控制，或为了在幕后完成利益集团之间看不见的利益传输。

这里主力建仓的可能性几乎为零，因为如果是主力在建仓，会一直把大单子压在上面，让市场望空却步。大卖单撤掉，基本上排除了主力建仓的可能。

主力撤单时故意用图 3-12 虚晃一枪，撤完单再回到原来的排列方式，这是主力常用的撤单方式。所以，遇到大卖单幕后变脸，成为小单，那么可以做出以下判断：

（1）主力已经完成建仓，而且脱离了成本区。

（2）主力不愿意在此价位把大量筹码还给市场。

（3）主力不想现身，说明主力还没有大幅拉升，或者主力实力不是特别强悍。

遇到这个细节时，投资者要重视。这有助于理解主力接下来的意图，结合我们讲到的波段各阶段特征，可以提高研判的准确性。

2. 委托买单幕后变脸

有了委托卖单幕后变脸的分析理解，则委托买单幕后变脸就比较好理解了。

与上面的委托卖单幕后变脸相反，开始在上挡全是小单，而下挡全是大单。一会儿股价冲上去了，开始幕后变脸，等回来时，发现下挡的大单不见了。这样，主力就进行了幕后的变脸，撤掉了委托买单。

我们可以对委托买单的幕后变脸作以下推断：

（1）下面的大单和上面小单的差距给人一种股价要上冲的感觉，是主力为了诱惑市场高位吃货，说明希望市场更加积极地帮助自己拉升和消化筹码。

（2）股价又回调，是主力为了让市场筹码稳定，暂时让他们高位被套，并尽可能把筹码锁定。

（3）委托买单又变小，说明主力的防备意识较强，不希望接纳突然扔出来的大单子或者散户蜂拥而出。

如果股价在高位出现频繁震荡或者重心下移，而又遇到委托买单幕后变脸，则应提高警惕，这很可能是主力出货的信号。

三、委托买盘反复变化

下面四个图是在一分钟内先后发生的。

从图 3-14、图 3-15、图 3-16、图 3-17 可以看出，委托买盘总是在两个级别的数字间变来变去，而且变来变去总是差不多。这里究竟有什么秘密？

卖⑤	20.14	869
卖④	20.13	592
卖③	20.12	285
卖②	20.11	876
卖①	20.10	533
买①	20.09	980
买②	20.08	645
买③	20.06	713
买④	20.05	859
买⑤	20.04	527

图 3-14　买①初始挂单较大

卖⑤	20.14	869
卖④	20.13	592
卖③	20.12	285
卖②	20.11	876
卖①	20.10	533
买①	20.09	189
买②	20.08	645
买③	20.06	713
买④	20.05	859
买⑤	20.04	527

图 3-15　买①变为较小挂单

卖⑤	20.14	869
卖④	20.13	592
卖③	20.12	285
卖②	20.11	876
卖①	20.10	533
买①	20.09	978
买②	20.08	645
买③	20.06	713
买④	20.05	859
买⑤	20.04	527

图 3-16　买①又恢复较大挂单

卖⑤	20.14	869
卖④	20.13	592
卖③	20.12	285
卖②	20.11	876
卖①	20.10	533
买①	20.09	190
买②	20.08	453
买③	20.06	713
买④	20.05	859
买⑤	20.04	527

图 3-17　买①再次变为较小挂单

在短暂的一分钟时间里，几乎有相同的单子既出又进，这就不会是市场上单子不断地撤掉又不断地有买单涌进来，并且恰好其总数在每个价位上都几乎相等。这也自然而然让人想到主力。

同一个价位的接单数量并不一定是一张委托单，特别是对于比较大的挂单，一般是若干张委托单的组合。根据交易的优先原则，价格优先时间优先，因此在同一个价位上早挂进去的单子就排在前面，并且先成交。利用这个规则，主力把前面的委托单撤下来后，后面的单子就排到前面去了。如果后面的单子还是自己的就继续撤单，直到其他人的单子排到最前面。例如，假如某价位上有 300 手的接盘挂在那里，其中主力的就有两张共 200 手的买单数量。主力可以将自己的两张买单全部撤下来又重新挂上去，这样把市场上的 100 手单子推到前面先成交，至于这 100 手是不是一个人的不重要。

我们可以对主力的动作进行分解。主力这样做是希望让市场上已经挂出来的接盘越来越少，即尽量干掉市场上的委托买单。干掉委托买单，会导致价格下跌，受此影响，市场上新的买单也就不会再挂进来，而且会引发恐慌性抛盘。于是主力重新把单子挂上去，维持原来的总量，使偶尔看一下接抛盘的投资者始终觉得接盘还是很大。主力通过不断地撤单和挂单，让盘中已经挂出去的市场买单先成交，同时也给市场以接盘很大的假象。

综合来想，则主力的意图就更加明显：利用频繁换单方法让市场排在第一位的接单抵挡市场的自然抛盘，而自己并不掏钱来抵挡自然抛盘。这叫借力打力。

当然，除了这些奇怪的委托单变化之外，还有很多种其他类型的委托形式值得深思。投资者应该在实战中多总结。

第七节　盘中成交单分析

有很多投资者理解的成交单分析是，看到分时走势图中成交异常，然后翻阅 F1 键提供的成交数据，不知其所以然或者用既定的思维定式去判定：有大单成交要涨或者要跌。依据这个幼稚的思维展开操作，结果可想而知。下面我们将重点讨论盘中成交的真实意义，以及对未来走势有何影响。这对波段分析的过程控制有非常重要的作用。

一、盘中巨量

很多投资者对盘中巨量的理解有偏差，这是受一般交易软件里给出的大单定位影响。一般交易软件里习惯把 500 手（5 万股）以上的成交单定义为大单。这个定义是非常粗放的，它忽视了股票的流通性问题。比如，对于工商银行，成交 500 手根本算不上什么，因为流通盘太大了。而如果是一个不足 2000 万股的小盘股，500 手肯定是大单。所以，大单是相对的，根据流通盘的大小来确立大单的实际标准要好得多。

盘中有巨量即盘中有主力，股价有主力的参与，就会活跃，因此就会有套利机会。对技术分析者来说，能否参与盘中巨量的股票要结合市场环境、股票价位和技术形态来综合分析。主力制造盘中巨量的目的是要引起市场的注意。我们可以结合波段区位和经典的 K 线图形来做出判定。

如果 K 线图刚刚完成双底、头肩底等经典图形的突破，就出现了盘中巨量，则接下来的走势看好，但如果是老主力在运作，所以从安全的角度出发，不应该将股价上升的目标定得过高。

如果股价处于高位，则要防备主力出货。主力利用其自身的优势，能够先于市场获得上市公司的信息。信息有利多和利空之分，市场的思维是利多建仓，利空出货，而主力正好相反。当主力提前得知未来某个时间有利好消息时，便会借助于莫须有的利空造成的抛盘来大力建仓和积极运作。当个股的基本面趋于明朗的时候，主力已经大幅获利并开始出货了。比如，公司业绩增长，财务报表出来就是出货时机。若上市公司资产重组，那么主力就运作到重组公告出来。因此，这就是判断主力是否出货的一个重要依据。其实在利好消息出来之前，主力已经在有步骤地撤退了，在最后期限到来之前也会出现大量出货的现象。主力出货并不意味着股价会马上下跌，但没有主力的参与，市场肯定失去一个重要的活力源。所以，应该谨慎操作。

此外，盘中巨量还有可能是筹码换手。所谓筹码换手就是主力将手中的一部分筹码转让给另一个投资者。其特点是盘中在某一个较低的特定价位连续出现类似对倒盘一样的成交量，但后面有迅速拉抬股价的动作。例如，2007 年 10 月 24 日 13 时 28 分，贵州茅台上演"1 分钟闪电跌停"，在 40 万股的抛单下，贵州茅台市价瞬间下挫 22.8 元，至 169.20 元跌停价，而后火箭发射般回升到 1.6%的涨幅，分时图上犹如一根银针直插跌停板。随后保持"温和"震荡，以 2.12%的涨幅收盘，最终报价 191.99 元。

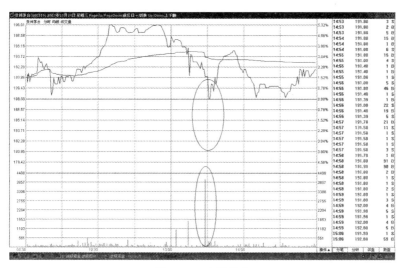

图 3-18　贵州茅台

离奇走势背后，上交所的交易公开信息揭开了机构游资多空交战的一角。在买入卖出前 5 名的榜单上，4 个机构席位合计买入约 1.63 亿元，占总成交额的 1/3；2 个机构席位合计卖出约 6828 万元。另外，招商证券北京建国路一家营业部就卖出约 1.2 亿元。这自然让人想到是主力机构建老鼠仓进行利益传输。

二、成交清淡

普通的成交清淡一般发生在两种情况下：一是股票长期下跌或者调整，

市场人气涣散，所以成交清淡；二是股票属于冷门或者小盘股，难以引起投资者的热情，因而交易清淡。但我们这里主要讨论的是有大单成交的交易清淡。

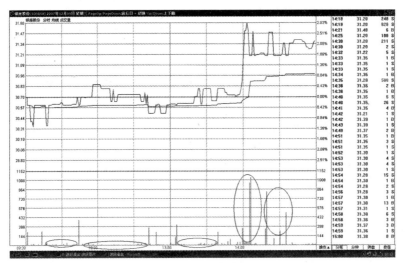

图 3-19　银座股份

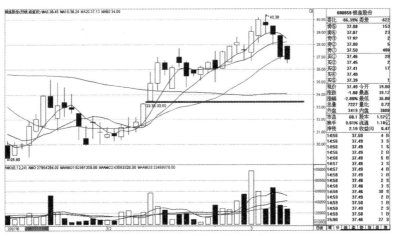

图 3-20　银座股份之后走势

按照常理，成交清淡应该是以小单为主，而此处的交易清淡却有大单成交，并且不是偶然的一次。如果只有大卖盘，没有大买盘也不会成交。所以，一般认为，成交清淡而又有大单成交，说明有人在积极接盘，股价接下来应该有良好的表现。流通盘较小的银座股份成交极其清淡，但是，在清淡的同时却出现了几笔大单成交，显示有人在积极地接盘。之后该股涨幅可观。

三、间隔性交易

间隔性交易就是在交易时不连贯，在有的时间段内没有成交。在长期的调整时期，很多股票的交易也都是有交易间隔的。但是，在大盘强势时，股性活跃而流通盘较大的股票出现间隔性交易，则值得深入追究。

在沪深两市，最小的交易时间间隔是一分钟，因此连续性交易就是指每一分钟都有交易。全天交易时间共有 4 个小时，即 240 分钟（停牌者除外）。

如果换了一家流通盘相近的股票，我们会发现该股整天的交易一定是连贯的。即使偶尔有些断裂也不过一两次。

既然有那么多的时段成交为零，全天的成交量仍然巨大，唯一的结论就是在成交的时段内，每笔成交都比较大。而当天的单子是以大单子为主，可以推断其中必有主力运作。

主力的目的是制造量增价涨的表面假象，吸引市场买单。这样就可以判断，主力的意愿是减仓或者出货。

第八节　多空力量的判定：外盘与内盘

外盘与内盘是一种非常重要的市场研判数据。

目前，沪深两市的股票实行五级叫买叫卖法，即在动态分时图右上方显示买盘和卖盘的一个指标，显示 5 个价位的买盘数量和 5 个价位的卖盘数量。

如果投资者要卖股票并希望马上成交，可以按买①的价格卖出股票，便可以尽快成交。这种以低价位叫买价成交的股票成交量计为内盘，也就是主动性的抛盘，反映了投资者卖出股票的决心。如投资者对后市看空，为保证卖出股票抢在别人前面成交，则以更低的价格报单卖出股票。这些报单都应计入内盘，因此内盘的积累数越大（和外盘相比），说明主动性抛盘越多，投资者不看好后市，所以股票继续下跌的可能性越大。

若投资者想买入股票并希望马上成交，可以按卖①的价格报单买入股票，一般会立刻成交。这种以高价位叫卖价成交的股票成交量计为外盘，也就是主动性买单。如投资者对后市看好，买不着股票，可以更高的价格报单买入股票，这种主动出高价以叫卖价成交的成交量，反映了投资者主动买入股票的决心。因此，通常外盘的积累数量越大（和内盘相比），说明主动性买盘越多，投资者看好后市，所以股票继续上涨的可能性越大。

通过外盘、内盘数量的大小和比例，投资者通常可以发现是主动性的买盘多还是主动性的抛盘多，并在很多时候可以发现庄家动向，是一个重要的研判工具。

但投资者在使用外盘和内盘时，要注意结合股价在低位、中位和高位的成交情况以及该股的总成交量情况。因为外盘、内盘的数量并不是在所有时间都有效，在许多时候，外盘大股价并不一定上涨，内盘大股价也并不一定下跌。庄家可以利用外盘、内盘的数量来进行欺骗。以下情况需要特别注意：

（1）经过了较长时间的数浪下跌，股价处于较低价位，成交量极度萎缩。此后，成交量温和放量，当日外盘数量增加，大于内盘数量，股价将可能上涨，此种情况较可靠。

（2）经过了较长时间的数浪上涨，股价处于较高价位，成交量巨大，并不能再继续增加。当日内盘数量放大，大于外盘数量，股价可能下跌。

（3）在股价下跌过程中，时常会发现外盘大、内盘小，此种情况并不表明股价一定会上涨。因为有些时候庄家用几笔抛单将股价打至较低位置，然后在卖①、卖②挂卖单，并自己买自己的卖单，造成股价暂时横盘或小幅上升。此时的外盘将明显大于内盘，使投资者认为庄家在吃货，而纷纷买入，结果次日股价继续下跌。

（4）在股价上涨过程中，时常会发现内盘大、外盘小，此种情况并不表明股价一定会下跌。因为有些时候庄家用几笔买单将股价拉至一个相对的高位，然后在股价小跌后，在买①、买②挂买单，一些投资者认为股价会下跌，纷纷以叫买价卖出股票，但庄家分步挂单，将抛单通通接走。这种先拉高后低位挂买单的手法，常会显示内盘大、外盘小，达到欺骗投资者的目的，待接足筹码后迅速推高股价。

（5）股价已上涨了较大的幅度，如某日外盘大量增加，但股价却不涨，投资者要警惕庄家制造假象，准备出货。

（6）股价已下跌了较大的幅度，如某日内盘大量增加，但股价却不跌，投资者要警惕庄家制造假象，假打压、真吃货。

（7）按照沪深两市交易规则，普通 A 股实行涨跌停板制度。在涨停板时，只有主动性卖盘即内盘，此时，内盘大于外盘是正常现象。同理，跌停板时只有外盘成交，此时外盘大于内盘也是正常现象。此时的外内盘对比参考意义不大。

第九节　上涨动能排行榜

每天看着盘面的花花绿绿，很多投资者忙于捕风捉影地买入、卖出，到头来很难有收获，甚至有的投资者损失惨重。究其根本原因，其实是只看现象不抓本质，不知道股价真正上涨的实质原因。而此处给大家讲到的方法，其实是股价上涨的必然性规律，是大牛股的必经之地。只需要在必经之地守候，就可以捕捉到超级牛股。

股价绝对上涨动能 =（外盘 - 内盘）÷ 流通盘

股价涨跌的直接因素是买方的力量多于卖方的力量。无论其他方面如何影响，没有成交量的反映，也不会对股价产生任何影响。在我们所使用的股票软件中，主动性买方的力量被归结为外盘，主动性卖出的力量被归结为内盘。因为外盘和内盘几乎代表了做多和做空的力量，所以，用做多的力量减去做空的力量就是多方可以让股价上涨的实际力量，即股价的上涨力量=外盘-内盘。只要能够排除偶然的骗单，就能够使用它来挑选出真正具有上涨潜力的股票。

但是，我们计算出来的数据，排在前面的都是超级大盘股，而小盘股中的黑马就有可能错过。所以，为了不错过小盘股中的大牛股，我们还要将外内盘的差额除以其流通盘数量，得出一个数值，这个数值是多方能够绝对主导价格上涨的力量。这样就可以避免漏掉一些小盘大牛股。我们将股价绝对上涨的动能进行持续跟踪，选出排行不断靠前的个股。它们是主力现形的必经之地。

我们建议列举出这些排行逐渐靠前的股票名单，然后，对他们下手。制作方法如下：

（1）从股票软件里将沪深所有股票的外盘数量和内盘数量单独提取出来，并对各股票数据进行计算，即外盘数量减去内盘数量，计算出外内盘的差值，将各股票的外内盘差值进行大小排行。投资者如果自己单独计算就非常费力气。告诉投资者一个简单方法，借助计算机软件 Excel 来计算和统计，几分钟就可以将沪深两市所有的数据全部计算并统计完成。

第一，截取沪深两市的数据。表 3-1 是沪深两市 2007 年 12 月 28 日部分数据。

表 3-1　沪深两市 2007 年 12 月 28 日部分数据

代码	名称	流通股本	笔涨跌	量比	均价	委比(%)	内盘	外盘	内外比	委量差
601939	建设银行	900000	0	1.11	9.92	59.69	1164723	1540448	0.76	65427
600050	中国联通	938211	-0.02	0.98	12.13	-36.76	1171722	1380191	0.85	-9230
601398	工商银行	1206539	-0.01	1.16	8.23	21.06	1004939	1283260	0.78	15718
601390	中国中铁	327245	0	0.87	11.53	43.33	1052345	1164244	0.9	14395
601866	中海集运	163564	0	0.59	12.17	-47.33	558440	645658	0.86	-10283
600016	民生银行	1209909	0.01	1.26	14.96	-14.37	645210	632644	1.02	-1996
000100	*ST TCL	228059	0	2.27	5.89	-22.19	341737	629257	0.54	-8545
000002	万科 A	588343	0	0.94	29.21	17.17	546000	603708	0.9	2314

续表

代码	名称	流通股本	笔涨跌	量比	均价	委比(%)	内盘	外盘	内外比	委量差
601333	广深铁路	274799	-0.02	1.1	9.52	0.19	568780	585412	0.97	25
601988	中国银行	520779	0.01	1.08	6.63	-3	516517	560936	0.92	-2728
601111	中国国航	128900	-0.14	2.4	28.19	53.75	341765	406076	0.84	495
600028	中国石化	849903	-0.01	0.96	23.88	-18.44	431927	402414	1.07	-1524
600019	宝钢股份	561108	-0.01	1.2	17.53	-34.47	451345	391128	1.15	-5550
601857	中国石油	300000	0.01	0.93	31.16	64.97	356047	330354	1.08	8018
600115	东方航空	39600	0.04	2.54	21.03	-30.81	274749	314280	0.87	-1366
601588	北辰实业	150000	-0.01	1.41	14.01	-53.75	245817	313491	0.78	-9474
600036	招商银行	471080	0.04	1.64	39.79	33.41	261553	285672	0.92	307
600005	武钢股份	313520	-0.05	1	19.73	-47.62	239732	262590	0.91	-13922
000629	攀钢钢钒	165805	0	0.85	13.7	-50.45	240913	261685	0.92	-7752
000601	韶能股份	64400.3	0	3.29	7.15	17.51	145272	259012	0.56	5256
601808	中海油服	35000	-0.15	2.74	34.32	-19.62	214876	257109	0.84	-397
600008	首创股份	84070.8	0.1	1.56	21.19	66.06	187417	246695	0.76	3103
600010	包钢股份	272029	0.01	0.72	7.92	20.21	297721	245050	1.21	4231
600851	海欣股份	53606.3	0	1.1	13.84	-52.05	203676	241436	0.84	-2193
600001	邯郸钢铁	246885	0	1.43	8.09	-1.93	249717	235119	1.06	-460
600029	南方航空	100000	0.04	2.16	28.12	30.55	191610	233791	0.82	2382
600900	长江电力	490938	0.01	1.18	19.62	-34.75	201312	225829	0.89	-2614
600104	上海汽车	164455	-0.01	1.82	26.32	-84.66	189628	222664	0.85	-5848
600591	上海航空	62764.9	0.01	2.88	17.52	-63.94	167153	200286	0.83	-2224
600220	江苏阳光	63686	-0.01	2.46	11.08	4.61	152770	199816	0.76	243
600812	华北制药	79323.6	-0.01	0.96	11.38	16.41	179622	194345	0.92	751
000793	华闻传媒	116942	0	2.31	10.2	-35.53	147755	193381	0.76	-2701
000717	韶钢松山	112771	0	1	11.55	-13.24	175272	192169	0.91	-2679
600747	大显股份	67112.4	-0.08	2.04	10.29	-60.53	153463	190167	0.81	-2512
601601	中国太保	70000	-0.02	0.24	49.57	-38.57	231708	188177	1.23	-663
600808	马钢股份	89181	0	0.61	10.12	60.17	200309	183075	1.09	13405
000511	银基发展	51228	0	1.55	11.64	-54.54	177241	182938	0.97	-4307
600018	上港集团	799241	0	1.4	9.21	-7.39	192446	181565	1.06	-823
000930	丰原生化	76876.1	0	1.54	7.84	-89.82	141312	177408	0.8	-26518
600210	紫江企业	106296	-0.01	1.65	9.76	-28.68	148577	176911	0.84	-2590
600212	江泉实业	41514.2	0	1.98	7.9	-63.42	146594	175058	0.84	-3551
600723	西单商场	27666.4	0	1.25	17.67	100	122160	174965	0.7	15681

代码	名称	流通股本	笔涨跌	量比	均价	委比(%)	内盘	外盘	内外比	委量差
601169	北京银行	120000	0	0.88	20.57	−19.57	202359	172880	1.17	−784
601328	交通银行	223325	−0.01	0.92	15.7	−69.29	212823	171293	1.24	−9231
000851	高鸿股份	16626.1	0	3.6	11.44	−32.32	115482	161221	0.72	−446
000518	四环生物	75209.5	0	0.86	6.62	−44.24	156678	160368	0.98	−5990
600649	原水股份	111424	0	1.45	19.97	51.29	152775	159468	0.96	3709
601998	中信银行	178469	0.01	1.19	10.2	37.01	197931	159193	1.24	5664
600405	动力源	19255.5	0.01	2.33	13.2	−10.81	97674	157164	0.62	−259
600839	四川长虹	130877	−0.02	1.66	8.69	−53.27	199192	155600	1.28	−3905
600158	中体产业	28035.1	0.01	1.31	37.63	20.14	91567	155264	0.59	237
600015	华夏银行	168660	0.01	1.37	19.21	45.24	180439	154822	1.17	2566
000783	长江证券	26207.8	0	1.85	38.98	−84.5	180715	152998	1.18	−4285
600635	大众公用	96990.5	0.01	1.39	17.06	−14.7	98155	148449	0.66	−1082
000729	燕京啤酒	48243.2	0	1.96	20.47	8.55	117329	146590	0.8	164
601006	大秦铁路	260223	0.02	1.12	25.49	−42.73	137336	141703	0.97	−688
600795	国电电力	171701	0	1.37	17.54	−76.19	155249	140976	1.1	−1773
000971	湖北迈亚	15707.9	−0.01	1.66	13.05	−58.02	95091	139886	0.68	−1128
000822	山东海化	49686.1	0	0.79	17.3	22.55	119671	136704	0.88	2447
600868	梅雁水电	169687	0.01	0.76	6.33	24.75	172107	134233	1.28	3942
000897	津滨发展	92762.9	0	0.81	15.02	−73.84	129107	133893	0.96	−5701
000858	五粮液	144015	0	1.26	45.35	23.08	108731	133622	0.81	1385
601918	国投新集	28160	0.02	0.52	16.09	22.13	156811	130153	1.2	1268
600084	*ST新天	27168.3	−0.02	1.92	12.67	−16.86	114966	128974	0.89	−412
000557	ST银广夏	56187.9	0.01	3.06	8.01	−34.84	122268	127708	0.96	−1184
000005	ST星源	72510.3	0	2.05	6.96	−88.99	81099	124622	0.65	−17311
601600	中国铝业	114808	−0.01	0.86	39.99	−28.56	133395	120494	1.11	−801
600589	广东榕泰	25413.3	0.01	1.59	14.44	−17.43	101064	119890	0.84	−244
600675	中华企业	57876.2	−0.11	1.12	21.83	−82.87	127860	116219	1.1	−1403
600638	新黄浦	41458.8	0.01	1.71	26.01	−26.43	88525	114160	0.78	−148
600383	金地集团	59900.1	0	1.73	41.46	−67.73	108732	112599	0.97	−277
000722	金果实业	18255.4	0	1.68	9	31.39	110752	111676	0.99	1290
600068	葛洲坝	77839.7	−0.02	0.94	15.51	7.46	110494	111532	0.99	563
000001	深发展A	155030	0	1.05	38.98	−88.31	150073	111494	1.35	−665
600601	方正科技	172649	−0.01	0.84	7.64	42.64	122291	111390	1.1	8813
000712	锦龙股份	13174.2	0	1.61	20.4	−79.56	94425	111177	0.85	−2554

续表

代码	名称	流通股本	笔涨跌	量比	均价	委比(%)	内盘	外盘	内外比	委量差
601088	中国神华	126000	−0.02	1.17	66.08	−56.33	127806	110717	1.15	−1125
600642	申能股份	139465	−0.01	0.96	17.81	−18.2	128118	110393	1.16	−721
600185	海星科技	24768.3	0	1.13	12.42	100	89312	109570	0.82	9682
600037	歌华有线	58325	−0.01	1.37	31.35	5.15	109313	108883	1	43
000586	汇源通信	12923.6	0	3.64	14.88	−35.37	107881	108676	0.99	−359
600737	中粮屯河	40628.5	−0.02	0.88	19.37	−25.55	135598	108670	1.25	−924
600470	六国化工	10675.3	0	1.87	16.91	100	92385	108617	0.85	3279
000682	东方电子	78924.9	0	1.27	6.99	−11.51	107371	108336	0.99	−1841
600339	天利高新	18246.1	0	1.29	17.03	−24.78	78238	108242	0.72	−620
600078	澄星股份	31109.1	−0.01	1.69	11.45	−34.59	86127	106377	0.81	−902
000488	晨鸣纸业	80727.2	0	1	16.07	1.21	110412	106257	1.04	70
600797	浙大网新	71711.1	0.03	0.62	12.04	−33.69	96575	105682	0.91	−1083
600318	巢东股份	12200	0	1.67	11.93	100	78780	105474	0.75	29065
600777	新潮实业	49262.5	−0.01	1.22	8.79	−35.49	102985	104513	0.99	−1383
000627	天茂集团	32893.3	0	1.17	10.95	26.48	92469	103433	0.89	1388
600094	*ST 华源	19013.1	0	2.05	7.18	28	98315	102862	0.96	840
000932	华菱管线	112473	0	1.11	11.98	34.45	136506	102415	1.33	4913
600500	中化国际	51502	−0.01	0.68	22.18	−16.64	123557	101446	1.22	−99
600877	中国嘉陵	43301.1	0	1.52	8.8	−56.9	98513	97171	1.01	−4259
601919	中国远洋	124887	0	0.74	42.96	−69.69	113540	96942	1.17	−1154
600861	北京城乡	20697.3	−0.02	2.05	16.68	−27.05	59410	96438	0.62	−479
000031	中粮地产	49299.8	0	0.89	25.7	−63.16	84393	94322	0.89	−2232
600074	中达股份	43376	−0.01	0.71	7.87	−72.77	96603	93534	1.03	−3105
600003	ST东北高	39900	−0.01	2.34	6.27	20.41	102458	91126	1.12	1417
600488	天药股份	33400.9	−0.02	0.76	14.35	−33.27	90517	90256	1	−758
000301	丝绸股份	83213.4	0	0.97	12.1	34.43	97086	89829	1.08	2512
600125	铁龙物流	52577	−0.01	1.38	13.32	29.61	102851	89167	1.15	1329
600653	申华控股	145532	0	1.18	6.17	15.4	135867	89055	1.53	2517
600887	伊利股份	45561.3	−0.01	1.32	29.32	0.74	88062	88902	0.99	7
600881	亚泰集团	101893	−0.01	0.81	21	−73.05	72715	88881	0.82	−2413
600467	好当家	34563.5	0	1.07	16.65	−11.87	89361	88872	1.01	−225
600030	中信证券	279156	0.02	0.88	89.78	76.65	86952	88038	0.99	604
600103	青山纸业	92821.8	0	0.71	6.47	58.4	121707	87788	1.39	10406
600609	ST 金杯	70708.1	0	1.9	7.15	100	121576	87313	1.39	66993

续表

代码	名称	流通股本	笔涨跌	量比	均价	委比(%)	内盘	外盘	内外比	委量差
600186	莲花味精	68250	0	0.9	5.98	37.95	100472	86867	1.16	5609
600676	交运股份	28592.8	0	2.84	10.12	-1	65400	86861	0.75	-36
600644	乐山电力	21749.4	0.02	0.67	15.2	45.95	72637	85569	0.85	1170
000561	S*ST长岭	24208.8	-0.02	2.76	8.56	-59.73	78966	85546	0.92	-1498
600215	长春经开	27945.8	0	0.54	10.57	-8.08	78236	85185	0.92	-412
000959	首钢股份	120615	0	0.71	8.72	-88.58	90214	84974	1.06	-18686
600217	*ST秦岭	41680.8	0	2.03	6.84	100	73823	84385	0.87	1947
000039	中集集团	93224.5	0	0.82	26.17	70.14	94106	84327	1.12	3599
600152	维科精华	20950.8	0	2.92	10.32	-7.13	80301	83772	0.96	-148
600755	厦门国贸	35816.5	0.02	1.31	25.95	-32.69	72094	82865	0.87	-341
600830	大红鹰	29125.9	-0.02	1.1	22.7	56.83	74828	82049	0.91	716
600598	北大荒	48240	0	0.69	15.37	-31.36	99059	81586	1.21	-1248
600606	金丰投资	21652.7	0.01	2.62	13.11	-35.67	81568	80649	1.01	-489
600811	东方集团	79555.8	-0.01	0.69	20.58	-33.96	95539	80606	1.19	-837
000036	华联控股	76812.1	0	1.06	8.17	52.87	79611	80354	0.99	4622
000402	金融街	65194.4	0	0.99	28.54	30.81	79954	80108	1	871
000828	东莞控股	31270.3	0	1.93	12.84	-7.25	57194	78864	0.73	-337
600072	中船股份	21745.2	0	2.04	43.5	-40.78	70642	78804	0.9	-281
000677	山东海龙	24058.1	0	1.28	22.57	-77.36	54940	78106	0.7	-2392
000751	锌业股份	68634.8	0	0.84	17.56	-28.23	95926	76169	1.26	-1743
600357	承德钒钛	58391.4	0	0.95	19.23	-29.16	95665	75669	1.26	-1236
600288	大恒科技	17880	0.01	1.44	12.22	-40.13	54684	75470	0.72	-547
600322	天房发展	63463.8	0	0.93	10.15	-83.64	77377	75341	1.03	-2465
000886	海南高速	71175.5	0	0.89	6.17	6.82	100788	74881	1.35	704
600787	中储股份	34569.2	0.01	1.22	13.58	-20.16	92951	74801	1.24	-825
000532	力合股份	27904.5	0	1.16	16.08	-19.33	59384	74512	0.8	-598
600089	特变电工	57619.2	-0.17	1.04	32.21	96.04	70212	74427	0.94	3202
600692	亚通股份	21075.3	-0.01	1.26	10.56	-73.03	67731	74401	0.91	-3547
600000	浦发银行	353823	-0.01	0.91	52.52	-56.55	79217	74392	1.06	-453
600485	中创信测	7319.72	0	11.16	14.36	100	87767	72981	1.2	1542
601872	招商轮船	85500	0.01	0.56	12.93	7.34	83981	72181	1.16	251
600776	东方通信	37668	0	0.88	7.85	24.1	91809	71311	1.29	1382
600538	北海国发	22033.6	0.02	1.82	11.36	-72.38	62596	71295	0.88	-1478
000099	中信海直	27402.8	0	1.61	10.74	-21.27	63511	71010	0.89	-583

续表

代码	名称	流通股本	笔涨跌	量比	均价	委比(%)	内盘	外盘	内外比	委量差
600128	弘业股份	13024.6	0.01	0.8	26.68	−69.2	62339	70399	0.89	−1222
600720	祁连山	33872.4	0	0.95	11.31	−6.14	71446	69465	1.03	−211
601318	中国平安	80500	0.1	1.21	105.99	−39.09	76570	69032	1.11	−276
601999	出版传媒	11200	0	0.32	20.37	37.95	86003	68776	1.25	746
600033	福建高速	54316.5	0	0.91	9.52	16.03	90617	68226	1.33	618
600155	*ST 宝硕	20205	0.03	1.68	6.55	−42.41	66873	68212	0.98	−813
600739	辽宁成大	73403	0.01	0.75	50.25	−57.87	71298	68151	1.05	−610
600400	红豆股份	22870.5	−0.01	0.76	9.34	6.03	80967	67877	1.19	126
600289	亿阳信通	16717.8	0.02	3.67	18.92	−42.8	73073	67853	1.08	−431
600522	中天科技	16546	−0.01	4.2	13.91	−28.85	57384	67506	0.85	−1488
600630	龙头股份	29705	0	1.26	7.42	−39.54	49344	67401	0.73	−1656
600177	雅戈尔	123172	0	0.92	24.75	78.18	72897	67400	1.08	3804
000878	云南铜业	36507.4	0	1.02	55.2	−50.92	60980	67094	0.91	−1139
601628	中国人寿	90000	0.06	0.89	58.08	−37.4	62941	67018	0.94	−484
000426	富龙热电	20087.8	0	0.59	11.16	−8.92	68870	66989	1.03	−566
600429	ST 三元	28494	0.01	1.47	8.89	−36.42	47578	66887	0.71	−3585
000915	山大华特	13320.9	0	1.79	11.05	−56.3	49901	66845	0.75	−2301
600569	安阳钢铁	100792	0.01	0.62	11.97	−66.03	76014	66722	1.14	−1827
000520	长航凤凰	48631.6	0	1.12	12.12	3.05	68298	66345	1.03	121
600006	东风汽车	79800	0	0.91	8.72	2.82	97025	66062	1.47	167
000780	ST 平能	39135.9	−0.04	1.51	15.52	−37.8	39858	65932	0.6	−643
000657	中钨高新	14405.1	0.02	1.92	21.43	41.01	55962	65783	0.85	673
000615	湖北金环	14334.5	0	1.04	9.92	7.52	58572	65706	0.89	127
600802	福建水泥	28005.7	−0.02	1.47	13.74	19.58	38525	65643	0.59	261
000537	广宇发展	36326.6	−0.01	1.3	13.73	−76.33	62585	65577	0.95	−1987
000155	川化股份	19510	0	0.98	14.93	−26.36	46673	64795	0.72	−678
000630	铜陵有色	55750.4	0	0.82	25.68	13.97	67823	64696	1.05	499
000786	北新建材	30239.1	0	2.14	12.2	−48.31	52461	64199	0.82	−3268
000069	华侨城 A	50365.5	0	1.61	49.96	−86.09	54664	64171	0.85	−4975
600197	伊力特	20937.1	−0.01	0.85	15.26	−10.65	46128	63941	0.72	−134
000422	湖北宜化	48157.8	0	1.08	22.8	14.37	45099	63648	0.71	541
600107	美尔雅	18648	−0.01	1	21.29	−75.39	53278	63468	0.84	−1366
600273	华芳纺织	13876	0	3.24	8.62	−5.28	76033	63156	1.2	−128
600027	华电国际	114090	0	0.81	9.54	−12.46	78469	63079	1.24	−796

续表

代码	名称	流通股本	笔涨跌	量比	均价	委比(%)	内盘	外盘	内外比	委量差
600330	天通股份	29829.4	0.01	0.72	11.13	−77.64	67937	63072	1.08	−3041
000553	沙隆达A	24168.9	0	0.86	11.91	6.26	68202	62715	1.09	300
600130	波导股份	43820.2	−0.01	1	5.77	20.57	79349	62572	1.27	1232
002142	宁波银行	45000	0	1.02	22.05	9.81	77249	62335	1.24	251
601009	南京银行	63000	0.01	0.97	19.28	−9.98	59567	61729	0.96	−365
000060	中金岭南	49882.7	0	1	44.61	−39.46	57954	61699	0.94	−932
000687	保定天鹅	15058.1	0	0.93	13.91	−11.87	54424	61568	0.88	−555
600320	振华港机	136021	0.01	0.93	25.62	−6.5	80886	61345	1.32	−110
000016	深康佳A	28024.8	0	1.15	9.02	21.39	55124	61340	0.9	924
600689	上海三毛	10019.5	0	1.56	14.79	−39.09	54771	61220	0.89	−833
000839	中信国安	43495.5	0	1.79	34.35	−93.89	50096	61142	0.82	−4330
600690	青岛海尔	75569.5	0.04	0.63	22.37	11.07	55060	60902	0.9	57
600594	益佰制药	11137.5	0	1.28	19.48	26.43	64786	60501	1.07	416
601099	N太平洋	0	0.01	—	44.25	−59.36	62081	60143	1.03	−1227
600771	东盛科技	15924.5	0.01	1.22	20.04	45.62	50001	59658	0.84	245
600866	星湖科技	41986.2	−0.01	1.01	6.91	−31.17	58160	59323	0.98	−1911
000571	新大洲A	65380.2	0	0.84	9.79	53.23	79132	59254	1.34	4675
600602	广电电子	52683	0.01	0.85	7.54	16.79	74465	59116	1.26	1049
600879	火箭股份	36780.3	0.04	1.95	27.7	99.16	51171	58768	0.87	6350
000707	双环科技	34633.8	0.04	0.66	13.62	1.24	43521	58537	0.74	27
600117	西宁特钢	37155	0.01	0.89	21.9	−46.16	73027	58487	1.25	−595
600855	航天长峰	23295.2	−0.01	1.35	14.62	3.15	60535	58454	1.04	61
600408	安泰集团	22559	−0.01	1.88	20.76	−67.4	50780	58324	0.87	−368
000628	高新发展	16784.7	0	0.9	11.98	−49.38	47042	58292	0.81	−1204
600863	内蒙华电	57293.5	−0.01	0.9	8.11	71.69	70244	58194	1.21	4691
600178	东安动力	21018.7	0	1.96	11.14	−44.33	46668	58129	0.8	−1360
600293	三峡新材	19959.4	−0.01	1	8.62	60.59	66598	57729	1.15	2085
600143	金发科技	29166.3	0.05	1.51	38.67	76.22	50228	57633	0.87	2154
000812	陕西金叶	28143.7	0.04	1.72	7.53	−71.95	57751	57584	1	−6002
000875	吉电股份	65987.7	0	0.63	8.65	−18.11	70595	57569	1.23	−1558
600637	广电信息	40947	0	0.73	10.06	−34.27	70284	57427	1.22	−1269
600767	运盛实业	12093.1	0	3.25	7.65	−69.68	65483	56856	1.15	−3539
000559	万向钱潮	51203.1	0	1.13	13.78	34.39	45724	56738	0.81	914
600333	长春燃气	21672	0.01	1.57	10	−2.56	65947	56276	1.17	−81

续表

代码	名称	流通股本	笔涨跌	量比	均价	委比(%)	内盘	外盘	内外比	委量差
601166	兴业银行	70100	-0.02	1.2	52.03	25.64	73254	56209	1.3	433
002075	高新张铜	21240	0	0.9	13.27	-23.12	46504	56186	0.83	-495
600290	华仪电气	9702	-0.01	2.63	40.87	-64.1	30491	56143	0.54	-1543
600780	通宝能源	64964.6	0.01	1.05	12.42	77.88	70572	56023	1.26	3451
000926	福星股份	34464.8	0	1.51	15.21	-2.16	55601	55979	0.99	-54
600350	山东高速	66660	0.01	1.01	10.02	28.41	55845	55746	1	742
600874	创业环保	35660.9	-0.01	1.24	10.09	38.28	59202	55494	1.07	830
000623	吉林敖东	48098.2	0	0.95	68.32	37.86	54040	55417	0.98	747
000968	煤气化	23929.4	0	1.68	33.5	-32.68	40054	54890	0.73	-571
600981	江苏开元	26766	0.01	0.82	12.51	17.08	64673	54668	1.18	351
600715	ST松辽	12764.2	-0.01	1.14	7.07	-10.9	34253	54588	0.63	-268
600011	华能国际	276998	-0.01	1.27	14.84	-24.52	71649	54503	1.31	-634
000976	春晖股份	37028.6	0	0.7	8.46	26.89	72843	54304	1.34	1552
000737	南风化工	39686.4	0	0.98	10.16	31.65	64623	54261	1.19	1727
600418	江淮汽车	88086.8	0.01	0.89	9.09	56.87	64108	54192	1.18	3492
600269	赣粤高速	61912.3	-0.03	0.97	18.62	-45.15	68135	54177	1.26	-293
600216	浙江医药	27336.2	0	0.9	19.41	10.48	54143	54029	1	59
600208	新湖中宝	27240.9	-0.01	1.62	16.38	-7.7	55475	53687	1.03	-164
600821	津劝业	36087.1	-0.01	0.8	10.8	28.33	61770	53642	1.15	724
000727	华东科技	25979.5	0	1.03	9.3	-1.31	44749	53356	0.84	-46
600282	南钢股份	44640	0.03	1.07	20.65	-83.3	57447	53053	1.08	-778
600746	江苏索普	11619.5	0.04	0.91	12.14	-61.42	50260	52785	0.95	-815
600741	巴士股份	94537.2	-0.01	1.1	9.75	30.73	62417	52741	1.18	1612
600490	中科合臣	8577.37	-0.03	3.3	11.73	-42.51	47139	52702	0.89	-497
000735	*ST罗牛	83330.5	0	0.71	6.26	1.45	67438	52564	1.28	209
000510	金路集团	49684.2	0	0.77	8.36	20.94	57619	52550	1.1	1491
000027	深圳能源	59865.1	0	0.62	24.52	55.12	68093	52531	1.3	2928
600353	旭光股份	7019.04	0.01	1.43	11.52	-70.38	45120	52508	0.86	-1288
600381	*ST贤成	14599.5	-0.01	1.21	8.75	20.01	41651	52483	0.79	559
600678	四川金顶	24130.9	0.01	0.97	9.57	6.35	50641	52459	0.97	176
600403	欣网视讯	8924.74	0	1.86	13.2	100	54356	52353	1.04	4585
000720	鲁能泰山	72468.9	0	0.68	7.72	20.53	62581	52168	1.2	1541
600717	天津港	86814.1	0	0.81	27.77	-54.84	56757	51932	1.09	-357
000404	华意压缩	17544.3	0	0.86	9.53	50.21	69928	51900	1.35	3420

代码	名称	流通股本	笔涨跌	量比	均价	委比（%）	内盘	外盘	内外比	委量差
000078	海王生物	40521.4	0	0.79	9.04	50.35	55141	51868	1.06	2424
600035	楚天高速	38766.8	0	0.85	8.5	8.91	68504	51853	1.32	468
600631	百联股份	67157.1	-0.06	1.5	23.38	-28.45	59043	51719	1.14	-392
000830	鲁西化工	60131.2	0	0.55	6.94	12.27	65066	51419	1.27	1370
600300	维维股份	26100.8	0.01	1.31	9.96	-24.75	51350	51275	1	-427
600358	国旅联合	27215.9	0	1.63	9.51	-45.45	31887	51191	0.62	-1308
600246	万通地产	15531.7	0	6.86	24.02	100	80884	50887	1.59	13066
001696	宗申动力	22754.1	0	1.89	23.64	-40.43	42416	50763	0.84	-319
600791	天创置业	12104.8	-0.01	1.73	15.61	-26.55	45150	50676	0.89	-240
000502	绿景地产	8631	0	3.98	16.41	-42.77	46648	49894	0.93	-547
600651	飞乐音响	55989.8	0	0.8	13.7	27.31	65911	49834	1.32	855
000938	紫光股份	12751.7	0	1.87	20.86	-63.4	35768	49618	0.72	-724
000608	阳光股份	33420.8	0	1.9	15.04	-43.18	34135	49618	0.69	-1242
600061	中纺投资	26336.6	0.01	0.88	11.85	37.37	61475	49480	1.24	1346
600168	武汉控股	16830	-0.01	1.25	10.39	-6.48	54693	49404	1.11	-148
000807	云铝股份	42435.2	0	0.82	24.86	-26.16	61188	49382	1.24	-1268
600539	狮头股份	10560	0	1.11	9.06	-36.23	41319	49285	0.84	-1026
600313	ST中农	13200	-0.01	0.5	8.58	-34.13	48863	49197	0.99	-1262
000594	天津宏峰	32946.7	0	0.6	11.04	-39.38	49134	49194	1	-1933
600537	海通集团	13555.5	0	1.71	8.96	36.93	45113	49056	0.92	1514
600219	南山铝业	49679.5	-0.01	0.9	27.09	64.42	72935	48951	1.49	1148
600744	华银电力	47438.4	0.01	1.09	8.12	-40.93	51225	48941	1.05	-2486
000503	海虹控股	55227.9	0	0.62	12.79	-30.29	63290	48591	1.3	-1241
600779	水井坊	29356.8	-0.06	0.98	27.96	25.62	46210	48577	0.95	383
601168	西部矿业	46000	0.01	0.81	42.17	-21.77	54150	48513	1.12	-202
000800	一汽轿车	76447.9	0	0.56	19.27	21.68	59083	48392	1.22	809
600800	S*ST磁卡	26173.9	0.03	1.49	14.66	10.11	50678	48143	1.05	201
000573	粤宏远A	52944.1	0	0.81	6.8	-44.02	59070	48022	1.23	-2230
600832	东方明珠	94397.5	0	0.58	18.33	38.6	58057	47540	1.22	581
600239	云南城投	12841.3	0.01	1.63	16.85	18.93	37863	47276	0.8	205
000806	银河科技	50941.2	0.01	0.6	6.52	48.23	65326	47013	1.39	4900
600285	羚锐股份	15782	-0.04	0.9	16.51	38.89	52703	46758	1.13	593
600789	鲁抗医药	34866.6	0	0.66	7.15	41.17	52290	46651	1.12	2157

续表

代码	名称	流通股本	笔涨跌	量比	均价	委比(%)	内盘	外盘	内外比	委量差
600362	江西铜业	28252.1	0	1.11	51.43	−80.89	52152	46556	1.12	−1981
600090	ST啤酒花	21575.4	0	1.08	12.19	−71.8	38021	46524	0.82	−2134
601003	柳钢股份	21400	−0.01	1.16	18.03	35.67	44939	46441	0.97	1018
000636	风华高科	52066.6	0	0.99	12.62	−36.67	54682	46349	1.18	−939
600138	中青旅	20903.7	−0.01	1.35	33.17	7.85	29592	46034	0.64	149
600639	浦东金桥	22694.3	−0.02	2.18	22.53	−58.72	45740	45985	0.99	−458
600581	八一钢铁	27638	0.02	0.51	22.91	8.05	46660	45932	1.02	104
600026	中海发展	45150	0.01	1.03	37.19	61.89	57150	45663	1.25	1007
600352	浙江龙盛	62639.2	−0.04	1.36	17.68	−30.74	54621	45454	1.2	−190
000569	*ST长钢	35134	−0.02	1.07	9.2	−3.29	61095	45397	1.35	−114
600281	太化股份	23452.8	−0.01	1.39	10.39	38.37	55691	45371	1.23	1423
600891	S*ST秋林	12941.9	0	1.85	10.74	100	70789	45324	1.56	8917
601005	重庆钢铁	35000	0.01	0.51	8.82	14.02	57744	45268	1.28	418
600275	武昌鱼	32447	0.01	0.52	8.01	12.67	62060	45164	1.37	356
600306	商业城	10973.3	0.02	0.94	13.22	−17.29	43714	44961	0.97	−102
600620	天宸股份	25584.4	−0.01	0.87	9.47	−23.37	33782	44771	0.75	−391
000700	模塑科技	18502.8	0	0.83	10.58	−60.56	36491	44626	0.82	−1769
600270	外运发展	33084.4	−0.02	1.63	19.5	−38.64	36601	44567	0.82	−1855
600655	豫园商城	51970.1	0.02	1.39	32.03	−11.02	42331	44416	0.95	−106

这些数据在一般的交易软件里都有，投资者可以全部下载，当然，数据比此表内容要繁多。这里为了给投资者演示如何操作，只截取其中一部分。

注：由于相当数量的投资者不知道如何下载数据，原书第一版也没有作详细说明，所以，很多人困惑地向本人咨询获得数据的方法。在此本人以中信建投证券的通达信行情软件为例，简单说明。首先，进入通达信行情界面，键盘上输入60再按回车，调出沪深两市所有股票数据。其次，点击"系统"——"数据导出"，再次，在跳出的窗口中，选择"Excel文件""报表中的所有数据"，点击浏览栏目，选择文件导出位置（如桌面）。最后，点击导出即可。这样，您就可以在导出位置（如桌面）找到最完整的行情资料。

第二，将以上数据中一些与我们要求无关的数据删掉，只保留我们需要的部分，即代码（A 列）、名称（B 列）、流通盘（C 列）、内盘（D 列）和外盘（E 列），请注意顺序。

第三，在 F2 表格中输入计算公式"＝（E2 － D2）÷ C2"后按回车键，得出第一个数值（如表中的建设银行）的上涨力量，见图 3－21。

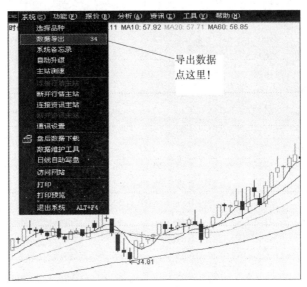

图 3–21A　系统——数据导出

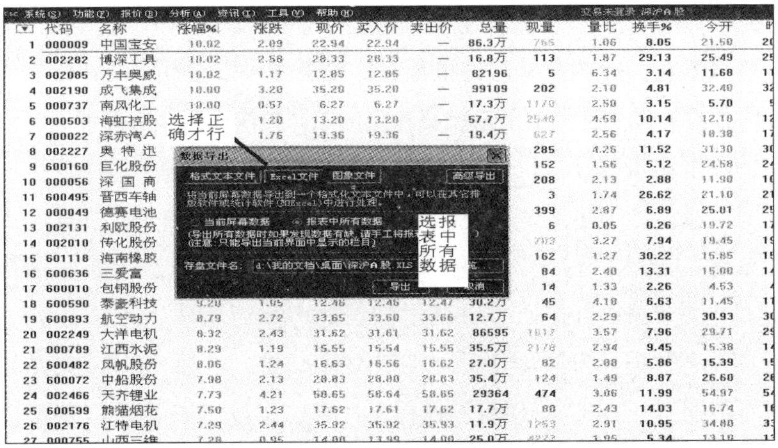

图 3–21B　选择格式和数据

第四，用鼠标点中 F2 表格，把鼠标划至 F2 表格右下角时，鼠标标示变为一个黑色实心十字架，用鼠标左键按住它向下拉至最后一个股票对应的表格，得出所有股票的上涨力量值，见图 3-22。

图 3-22　计算出所有股票的上涨动能值

第五，使用 Excel 的排序功能对 F 列数值进行排序，见图 3-23。

用降序功能对
F 列进行排序

图 3-23　用降序功能进行排序

　　在排序中，软件会给出排序警告，选定"拓展选定区域"，点击"排序"，见图3-24。

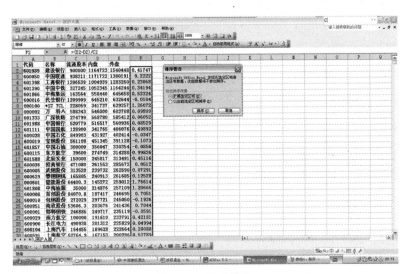

图 3-24　排序警告

　　这样就得出了当日股价上涨动能的排行榜，见图3-25。

图 3-25　2007 年 12 月 28 日上涨动能排行榜

第六，将其他列都删除，只留下股票名称排行一列。这一列就是按照上涨动能降序排列的股票名称，见图 3-26。

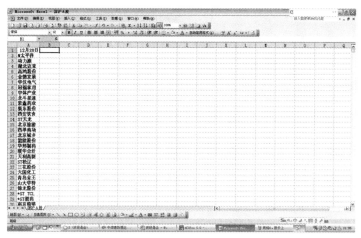

图 3-26　上涨动能股票名称排行

（2）每天得出股价上涨力量排行榜，并放在一个表格里。日复一日，只要积累两周以上（一般是两周到两个月较为合适），就形成了可以使用的沪深两市移动演示盘。

（3）将演示盘进行画线分析，注意，从右上向左下画线，见图 3-27。

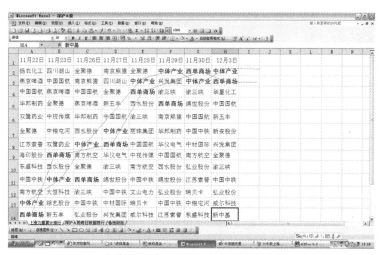

图 3-27　大牛股上升力量运行轨道（大牛股孵化中心）

如果一只股票在近期不断地排行靠前，表明其上升力量在沪深两市的低位逐步提高，因而也最有前景。选择处在最强势中的股票可以捕捉到超级大牛股。因此，该排行榜被我们称作大牛股孵化中心。如图 3-28、图 3-29 所示，中体产业和西单商场在近期出现了迅速的名次上升，因此，被列为备选股。

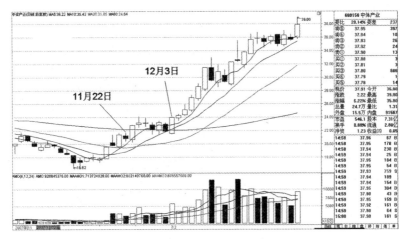

图 3-28 中体产业走势图

图 3-29 西单商场走势图

　　该图只显示了一部分，这是上涨力量增长较快的一部分股票。表格的最后一部分肯定是最近上涨力量减速最快的时期，应该特别警惕是出货信号。具体要结合股价的 K 线走势做出交易决定。

　　投资者应该对排行进入前 50 名的股票进行跟踪关注，以便找出最强势的大牛股；但同时也要关注排行榜的后 50 名，看哪些股票的上涨力量在迅速衰退，是否有自己持有的股票，以免自己的股票被套在高位。

　　上涨力量增速排行榜是波段理论的核心投资秘诀之一。这是从股价上涨的本质来推断股价将来的走势。这就像骑自行车，我们即使不看车子运行的速度，只要感到力气在迅速加大，就可以推断出车速在加快。

第十节　分时图里见真功

　　有很多投资者把波段投资当作是买进后等着涨和等着卖出，认为区分操作与其他操作方式的标准是时间。这是一种认识误区。正确的区分标准是股价演进的规律。波段操作是最基本、最能够体现实战水平的操作方式之一。短线是它的部分节点和细节，而长线则是它的延伸。在没有认识清楚波段运行的基本规律之前，任何短线的操作和长线的操作都是盲目的、残枝断叶的操作。

　　构成波段的是 K 线，而 K 线是分时走势的概括。所以，我们需要对分时走势进行分解，以更好地认识波段运行的规律和隐藏的细节。波段投资不是粗放的投资，而是精确化的战术与科学的战略相结合的操作方式。

一、分时走势细节及市场含义

　　投资者每天见证一幅完整的分时走势图。可是，你知道这里每个细节的深层含义吗？

分时波段根据不同的标准可以分为不同的类型。

（1）根据分时走势波的平滑程度和波长，分时线可分为平滑长波、平滑中波、平滑短波，见图 3-30、图 3-31、图 3-32。

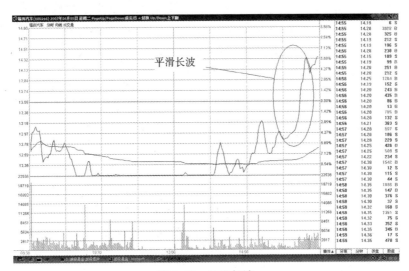

图 3-30　平滑长波

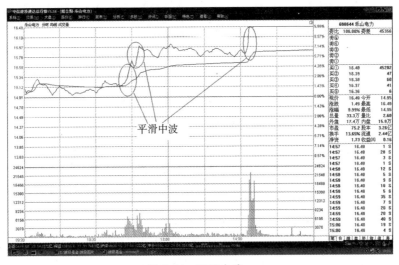

图 3-31　平滑中波

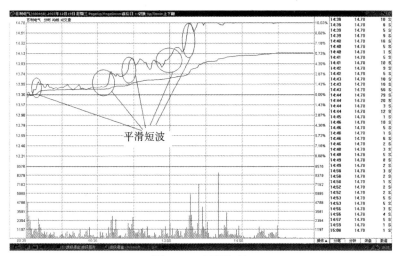

图 3-32　平滑短波

　　分时图形的平滑性是主力实力强大的象征，也是积极运作的结果，意味着股价的走势将顺势延续。而不平滑的分时波，则更多意味着市场散漫，没有主流资金来积极运作，因而也就没有多少机会。

　　波形长短与市场的抛压和庄家的投机性有密切的关系。波形越长说明市场抛压越小，庄家的投机性越大；波形越短说明抛压越大，庄家的投机性越小。虽然从某种程度上说股票投资是投机，但是过多的投机性就是风险。尤其是长波出现在一些投机性较强的疯狂的时间段内，就隐藏着更大的风险，对此应该注意回避。根据中庸和谐的原则，一般认为，平滑中波是风险和投机的最好结合。

　　长波、中波和短波大致可以这样界定：一般单波幅度在 4%以上的波段可以被视为长波，单波幅度在 2%~4%的波段可视为中波，单波幅度在 2%以下的波段可视为短波。

　　（2）根据股价上升作用力的不同，可分为积极拉升波形和消极推升波形。平滑长波、平滑中波、平滑短波就属于积极拉升波形，是庄家主动用资金直接往上拉升所形成的形态；推拉波和赶升波则属于消极推升波形。

　　推拉波亦即既推又拉，是庄家在五档买盘位置挂出大单，借助市场的力量将股价推高，同时庄家自己也用筹码做拉升，借助强大买盘制造的人气，波形自然呈直角上升，离开庄家的主动性拉升，散乱的市场力量难以拉出平滑的波形。

赶升波表明庄家运作更加消极，基本上是在五档委买盘上挂大单，吸引市场散户的买单推动股价上升，股价有了相当的涨幅，才借势开始投机拉升。所以，消极拉升波是庄家消极、投机运作的结果，股价未来上涨空间不大。

（3）按照投机性的不同，分时波可分为缺口波和尖角波。缺口波是庄家趁市场不注意直接挂巨单买涨停，以减少拉升过程中所耗的资金，同时吸引市场的目光，借助追涨停的短线客帮忙封涨停。一般缺口波的上升角度接近90度，投机性不言而喻。

尖角波所包含的缺口几乎都是短波，其性质与缺口波相反，它是庄家积极吸货的结果。

尖角波大部分是短波，缺口波大部分是长波，这是两者的主要区别。

二、经典分时图解

一个分时走势就是一个故事。只不过，仁者见仁、智者见智。天天守在电脑前的股民千千万，真正能够读懂分时图的人，却是千千万分之一。这里提取了两市中最为经典的分时图形，并进行了精练解读，多加记忆和思考，能够迅速提高投资者的解盘能力，投资成绩也会直线上升。

1. 高开＋回调跌破开盘价又迅速拉起＋均线上行（见图3-33）

图解：

（1）跳空高开表明多方有拉升冲动。

（2）空方反击，股价跌破开盘价，但不破昨日收盘价，表明空方实力有限。

（3）均价线保持向上。

（4）日K线系统呈多头排列。

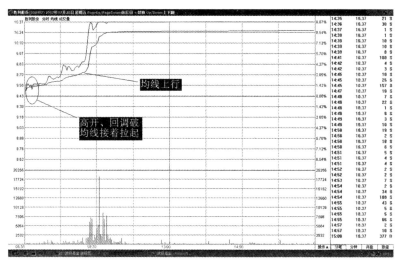

图 3-33 强势拉升

这种图形是一种强势上涨行情，是主力强势拉升的标志性操作手法，应该积极买入。

2. 五浪不涨停 + M 头 + 破均线（见图 3-34）

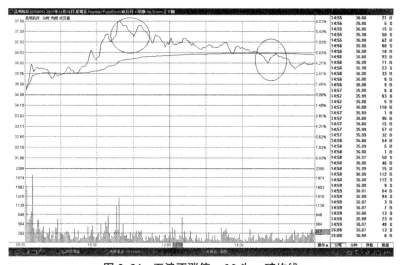

图 3-34 五浪不涨停 + M 头 + 破均线

图解：

（1）五浪不涨停，多方上攻乏力。

（2）M头结构，波浪理论的最佳卖出信号。

（3）下均线，即跌破关键成本区。

（4）股价处于波段高位，远离主力成本。

这是主力出货的惯用伎俩。应尽早离场！

3. 涨停＋两次以上放量开板（见图3-35、图3-36）

图解：

（1）涨停，强势信号，也是当日的最高价。

（2）涨停开板，表明空方开始积极做空，将强势打破。两次开板，就不是偶然，而是陷阱。

（3）开板放量，不是一般市场资金所为，而是主力在涨停位置大肆出货。

（4）这种情况一般出现在波段高位，是主力最理想的出货价位。

波段高位，主力在涨停板大肆出货，才出现打破涨停局面。主力利用撤单再加上去的方式将短线追涨停的资金排到前面先成交，获得最高价出货的机会。等看到出货打开停板后，为了稳住军心，又加码委托买入，吸引新的

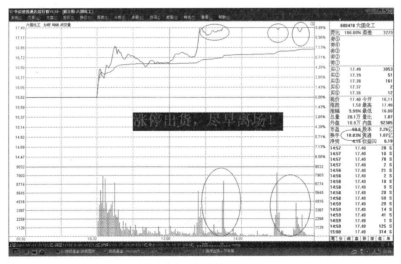

图 3-35　涨停出货（一）

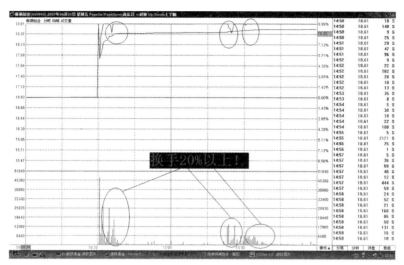

图 3-36　涨停出货（二）

追涨停资金，等到追涨停资金又达到一定的数量，再次故技重演，大肆出货，以此类推。遇到这种走势，应当坚决地撤退。股价离开主力的扶持，很难想象，何况你在山顶！

4. 上蹿下跳 + 成交杂乱（见图 3-37）

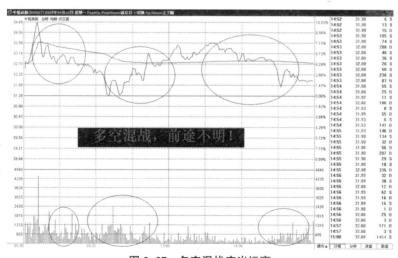

图 3-37　多空混战应当远离

图解：

（1）平滑波与缺口波、尖角波混乱不明、上蹿下跳，均线对于多空双方没有明显的制约，说明盘面失控。

（2）成交杂乱，说明多空混战、前途不明。

（3）出现在波段循环中高位，是变盘的危险信号。

股票投资需要见风使舵，参与混战不明的格局无疑是赌博和不明智的行为。不如退出，静观鹬蚌相争。

5. 推土机走势 + 成交活跃（见图3-38）

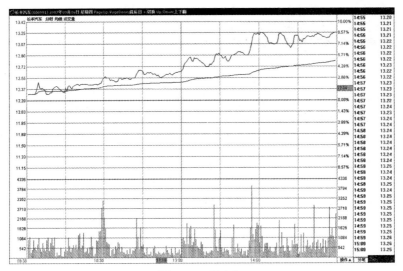

图 3-38　推土机

图解：

（1）股价开盘后经过短暂的轻微震荡，开始逐步小波幅缓慢爬升，直到收盘。

（2）均价线保持平滑向上趋势，股价全天在均价线之上。

（3）成交量保持活跃状态。

（4）出现在波段循环中高位。

推土机是一种波段持续拉升信号，此时可以适量跟进做多，但也要防止庄家突然变盘。

6. 股价贴均线平滑移动 + 成交不断放大 + 重心略微抬高（见图 3-39）

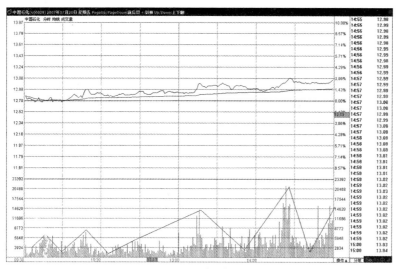

图 3-39 冰山露角（中国石化）

图解：

（1）股价线不破均线，并几乎全天在均线之上，沿均线平滑移动，表明市场表面平静，但多方略占优势。

（2）成交量不断放大，是多方在积极地聚集力量。高筑墙、广积粮、缓称王。

（3）重心略微抬高，表明多方的实力在不经意间显露。

（4）该图形出现在波段低位，特别是 5 日、10 日、20 日均线低位合拢时，是股价发动大波段行情的重要信号。

大战前的黎明静悄悄。多方的准备行动已经接近尾声，此时应积极介入，目标是获得一整波上升行情。

7. 均线平台不断抬高 + 拉升有量（见图 3-40）

图解：

（1）拉升有量，表明做多力量不甘寂寞。

（2）均线不断抬高，是主力抬高市场平均持筹成本。

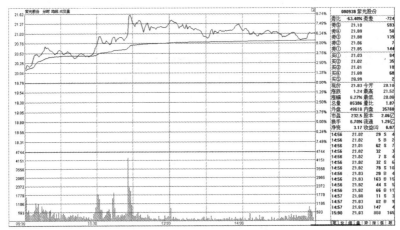

图 3-40　均线平台不断抬高

（3）不断走出回形波，是主力拉升前的试探性上涨，后续走势看好。

（4）重要细节是下跌无量，表明市场浮筹较少，不足以干扰主力拉升进度。

主力试探性的拉升得到的市场信号使市场相对稳定、容易控制，由此判断，大幅拉升可期。实战操作建议：买入。

8. 涨停跳水（见图 3-41）

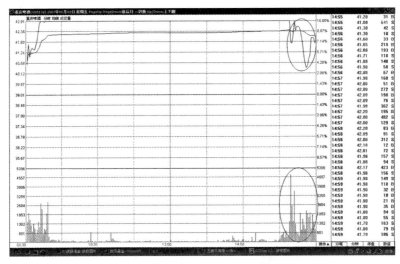

图 3-41　涨停跳水：重庆啤酒

图解：

（1）这种走势出现在高位，正是市场最热烈的时候。

（2）涨停时过度投机，股价大幅高开，以平滑长波突击涨停，是主力在尽量减少拉涨停的成本。

（3）开闸放水，换手率一般在10%以上，主力倒货没商量。

这是专为涨停爱好者设计的圈套。所以，追涨停要眼观六路、耳听八方。实战操作建议：逃跑或远离。

第十一节　分时成交量的分布

所谓量价结合就是要看成交量和股价的配合关系，但是一般两者结合都是集中在日K线层面。其实，有时从日K线判断量价关系犹如隔靴搔痒。从股价的分时走势图中判断量价关系，准确性更高一些。分时量价分析的要点、重点在于研判成交量主要集中在什么价位，以及成交量的逻辑合理分布情况。人过留名，雁过留声，主力资金的意图能够通过股价与成交量的分布关系反映出来，只不过，经过庄家的粉饰，只有很多专业级别的操盘手才能识别。

成交量的分布可以大致分为四种类型：吸货型、对倒型、拉升型、出货型。

（1）吸货型：吸货型走势的核心在于吸货。主力要吸货就必须控制成本，悄悄地低位吸货。所以，这个时期的分时走势，主要体现在成交量的放大，而股价的分时走势呈现尖角波的特点，没有平滑中长波。当主力吸货时，因为买盘的强大，股价自然小幅拉高。此时，主力就会暂时停止吸货。等到股价跌下来，又开始积极吸货，股价又一次小幅拉高。吸货型分时走势的突出特点是，在分时波段底部有积极放量，在分时波段顶部成交相对较小，见图3-42。

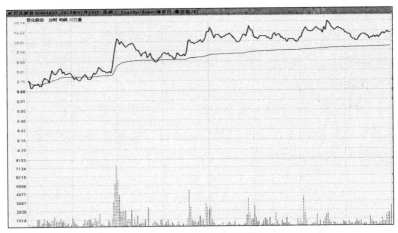

图 3-42　吸货型成交量

（2）对倒型：诱多和诱空。全天换手率高，而盘中成交清淡，甚至有的时间段交易空白，成交集中于几笔大单，则多为诱多。主力通过对倒放量，从日 K 线上看，给股民以放量上涨的感觉，以吸引跟风盘，分时走势就看得一清二楚。股价分时走势突然下跌，但低位有密集大接单。若此时股票价位处于波段循环中低位，且日 K 线前期有温和放量，则多为诱空。这是主力进行的洗盘活动，吓出短线客，为拉升减轻压力，同时，在低位又吸纳很多便宜筹码，见图 3-43。

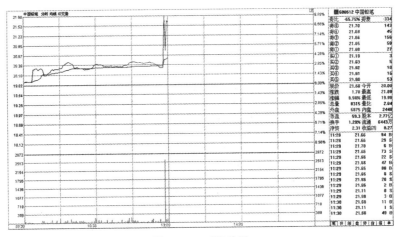

图 3-43　对倒放量

（3）拉升型：拉升时期的特点在于，主力用最少的资金和最快的速度拉升至目标价位。所以，此时的股价以平滑中长波为主、平滑短波为辅，盘面轻快。这个时期常常会出现轻松涨停甚至开盘涨停等超级行情，见图3-44。

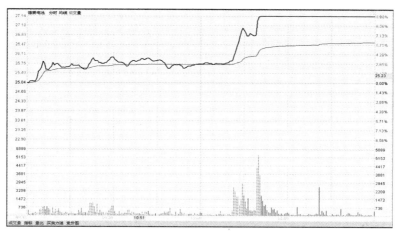

图3-44　拉升型分时成交

（4）出货型：成交量集中在股价波段的高位，或者直接高开出货。一般情况下，当股价处于波段循环高位，分时线突然拉一个平滑中长波，然后慢慢以小波回落。之后，再拉一个平滑中长波，又慢慢以小波回落。它所体现出来的意义是市场存在非常大的抛售压力。这是一种危险的形态，可能是庄家存在对倒拉升接着出货行为，导致了股价的来回波动。由于平滑性是庄家实力的见证，所以，平滑中长波多为庄家对倒拉升，而频繁小幅回落却是真正的出货。从这种分时走势可以判断，股价多处于暴涨阶段的末端，见图3-45。

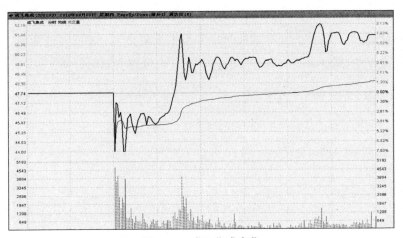

图 3-45 成飞集成出货

第四章　无风险套利

导言

很多人将精力耗费于股市中的涨涨跌跌，但最终下来，不但没有赚钱，还出现了暴亏的尴尬结局，股市中的二八现象也体现得淋漓尽致。与众多中小散户不同，很多实力资金机构和国内顶尖的操盘手却致力于寻求无风险套利研究。

在股市中生存，最重要的就是控制风险。在没有学会控制风险之前进行的投机行为，绝大多数以交付高昂的学费为结局。从这一点上来说，没有经过熊市的人，不是一个成熟的投资者。无风险套利体现了高超的操盘技艺和卓越的智慧，是证券市场中最强大的生存法则和套利绝招之一。那些对涨涨跌跌无法驾驭的人和对自己的冲动无法驾驭的人，如果切切实实地学习无风险套利，也会取得骄人的战绩。长期坚持，无风险套利也是一个暴利操盘模式。最简单的就是最有效的。

第一节　新股申购

在沪深股市的历史上，参与新股申购是获得暴利的有效途径，这与我国当前的形势密切相关。根据一份研究报告指出，假设把资金完全用在申购新股上，一年的收益率远远超过同期银行存款利率。前几年，申购新股的年收益率每每翻番，远非银行利率所能匹及。

资金申购新股属于无风险套利，很多大资金利用一级、二级市场之间的差价大举申购新股，赚取无风险高额利润。目前至少有几千亿元资金在发掘这种机会。

从2016年开始，A股新股发行将按新规申购，主要包括取消现行新股申购预先缴款制度，改为新股发行采用市值申购的方法，投资者只要有市值就能申购，中签之后才缴款。并且，由于每只新股申购都设定了上限，即使市值再高，也只能依据上限额度进行申购，这就决定了新股申购的红利实际上是在从机构和超级资金向中小投资者转移，因此投资者应该抓住机会，只要有申购的额度，就采取按照上限进行申购，最大化地分享这个新股申购的红利。

第一，熟记申购规则：同一账户不能重复申购；沪市新股必须以1000股的整数倍申购，深市为500股的整数倍；不能超过申购规定的上限。

第二，巧妙选择下单时间。根据历史经验，刚开盘或收盘时下单申购中签的概率较小，最好选择中间时间段申购，如选择10:30~11:30和13:00~14:00的时间段下单。

第三，每只新股都要申购，但要处理好一些相关细节。投资者应该检查一下是否存在操作失误，从而影响打新的结果，请关注以下注意事项。

1. 没有先查沪深A股市值有没有新股申购额度

这个新股申购额度是按其T-2日（T为申购日）前20个交易日（含T-2日）的日均持有市值计算而来的。有额度才能申购新股（深市和沪市分开计算，即深市的额度仅能保证申购深圳新股，满额为止，申购单位为500股。上海的额度仅能保证申购上海新股，满额为止，申购单位为1000股）。现在证券公司交易软件一般给你计算好了，你在申购时，如果有额度，就可以直接申请，没有就不能申请。但如果你想突击建立市值，记住，T-2日前提前20个交易日就要准备，否则，时间太短的话，你只有加大市值准备力度。假设你需要50万元的深市申购额度，那么如果你在T-2日，提前20天（即

T−22 日）买入深市股票，在 T 日进行新股申购就能够按上限申购了。当然，如果你在 T−2 日直接买入 1000 万元深市股票也可以（1000 万元 ÷ 20 = 50 万元）。

提示：打新股要提前准备相应市场的市值仓位，确保新股申购额度。但建议不要单纯为了打新而构建仓位。

2. 没有留下准确联系方式

当前，90%的投资者都是通过网络进行交易，与营业部疏远，联系方式变更后也未能及时更新，导致很多服务信息无法及时送达投资者手中。

提示：变更联系方式不必再去营业部办理，交易软件中即可更改。

3. 误以为中签就万事大吉

很多投资者对 T+2 日缴款的规则并不了解，以为中签了就万事大吉，只需坐等卖出股票。

提示：新规下，中签后还得缴款，没缴款就是无效申购，无效申购不仅最终获配不到新股，还有可能被纳入黑名单。

4. 忘记按时缴款

有部分投资者忘记缴款的时间，当然也有部分投资者以为自己账户资金足够。

提示：根据新规，在公布中签结果后，投资者需要在 T+2 日 16：00 前准备中签后所需的足够款项，如果账户中的申购款不够，则会被视为投资者弃购，纳入无效申购，单市场连续三次无效申购投资者将会被纳入黑名单，无法再参加新股申购。

5. 不了解中签查询操作

不管券商有无告知服务，投资者都要养成查询习惯。

提示：先搞懂如何查询申购配号：在你申购时，系统生成的系统流水账号，可以在网上交易记录里查询。

例如，你的申购配号为 888888~888890。公布的中签号码为后三位 888，后四位 8686 等，而你的号码后三位数与公布的中签号码后三位数相同都是 888，这样你便中签 1000 股或者 500 股（值得注意的是，沪市一个号是 1000

股，深市是 500 股）。中签后如何缴款？T+1 日晚间就能查到中签结果，T+2 日也可再次查询，确保 16：00 前申购资金全部到位。

6. 不知当天卖老股款可缴纳中签款

据了解，有投资者中签后知道 T+2 要缴款，但苦于确实没有现金按时缴款。

提示：T+2 日当天可以卖老股缴纳打新中签款。

7. 多账户申购同一新股

不少投资者为提升自己的中签概率，多账户同时申购同一新股。

提示：根据新规，同一投资者名下的证券账户，哪怕分布于不同证券公司，但在申购同一只新股时，只能申购一次。

第四，卖出的技巧：开板就卖；换手率超过 10% 就卖。

第二节　发行权证个股

权证作为一种以小博大的投资工具，其实行的 T + 0 交易制度和涨跌幅限制较为宽松，为投资者提供杠杆效应投资方式。很多投资者只进行权证本身的买卖，获取之间的价差，而忽略了利用权证与正股的关系套取无风险暴利。

权证主要分为认购权证（包括认股权证）和认沽权证。认购权证持有人可凭借所持有的权证以约定的行权价在行权期内向发行人买入标的股票，认沽权证持有人可凭借所持有的权证将标的股票以约定的行权价在行权期内卖给发行人。这两种权证的套利方法异曲同工。

一、认购权证无风险套利

国内不太理性的市场环境赋予权证无风险高收益的套利机会。权证无风险套利的关键在于权证存在的负溢价现象。负溢价的意思就是在没有交易费用和假设股价维持没有涨跌的情况下，行权总成本（行权价+经调整的权证价格）低于正股市价，此时买入权证并行权有一定的套利空间。其本质是，认购权证涨幅落后正股的持续发展，使得认购权证出现大面积折价。

利用认购权证负溢价套利的方法如下：

（1）投资者在最后交易日（或之前）买入负溢价认购权证；

（2）次日，参与行权，获得正股；

（3）第三天，以收盘价卖出正股。

以包钢 JTB1 为例说明如下：

（1）2007 年 3 月 23 日，包钢正股收盘价为 5.7 元，认购权证收于 3.453 元，溢价率为-5.39%。投资者可以以每股 3.453 元买入包钢 JTB1。

（2）3 月 26 日（最后交易日后下一交易日）进行行权，以每股 1.94 元的价格买包钢股份股票。

（3）3 月 27 日在市场上以收盘价每股 5.59 元卖出正股。

套利的结果是，可获取套利收益 3.65%。实际操作中，投资者可根据交易费用预留一定空间，在合适的价位卖出正股。如投资者继续看好正股，还可以继续持有，待达到目标价位再卖出。

在牛市中，认购权证负溢价行权时往往会出现巨大的套利空间。

2006 年 11 月 15 日，武钢认购在最后一个交易日报收 0.497 元，其行权价为 2.62 元，对比当天武钢正股的收盘价，内在价值为 0.73 元。投资者若以 0.497 元买入武钢认购（权证）进行行权，在正股价格不变的情况下，每份的收益为 0.233 元，收益率达到 46%。

无独有偶，2006 年 11 月 28 日，鞍钢认购在最后交易日同样出现了套利机会。其最后交易日的收盘价为 4.27 元，内在价值为 4.484 元，较收盘价高出了 0.214 元。

在武钢、鞍钢权证的行权期，其正股股价上涨幅度分别超过 12% 和 14%，投资者不但获得套利收益，还通过正股的上涨获取了超值收益。

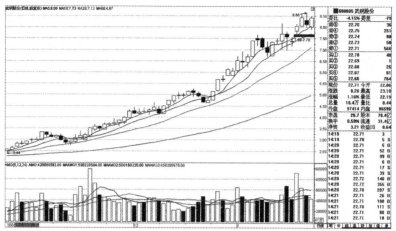

图 4-1　武钢股份 10~12 月图

图 4-2　鞍钢股份 10~12 月图

　　投资者应该牢记，认购权证的折价就是无风险套利的机会。当然，折价率和交易成本以及正股可能的波动幅度相比较，有确定的利润空间，才可果断介入。

二、认沽权证无风险套利

　　认沽权证的折价属于无风险套利，认沽权证的本质是看空其正股。其套利方法如下：

（1）在最后交易日，若认沽权证的收盘价格和正股价格之和低于认沽权证的行权价格，则买入此认沽权证与正股组合，并于行权日进行行权，获得以行权价卖出正股的权利。

2006年3月24日到5月9日和8月3日到8月14日，华菱认沽的行权价高于权证价格与标的股票价格之和。在2006年4月27日、28日和5月8日更是分别高出6%、7.62%和5.6%（考虑交易费用），相当于那几日买入华菱权证与华菱管线股票组合的投资者，不管后市走势如何，到期以行权价行权至少可以分别获得6%、7.62%和5.6%的无风险收益。

（2）如果行权价格高于权证价格与标的股票之和，则认沽权证大面积进行行权，势必会造成大股东的重大损失。所以，认沽权证的行权价格就相当于大股东的利益界限。当正股低于行权价格时，大股东必然会对面临大规模行权的正股进行托盘，以免遭受更大的损失。所以，一般发行权证的大股东都有充分的信心来保持股价在认沽权证行权价之上，才会发行认沽权证。例如，上海机场发行认沽权证，每10股获得7.5股认沽权证，行权期为12个月，行权价格为13.6元。换句话说，13.6元就是大股东的利益边界；低于13.6元，就是对大股东利益的损害。以上海机场的实力，是绝对不会这样吃亏的。在股价处于12元时果断买入，必能获取稳定收益。事实上，上海机

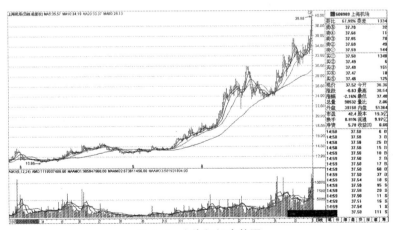

图4-3　上海机场走势图

场后来一跃成为一只波段大牛股。

虽然权证创设因故被暂停，但是随着市场机制建设的不断完善，权证仍将重回市场，届时权证套利机会将会重现，希望投资者朋友能够把握住。

第三节　股价低于净资产

股价低于净资产是一种罕有的现象。这种现象在 2004 年曾经大面积出现，这也是熊市一个非常典型的标志之一。股价低于净资产的意思就是折价出卖上市公司资产。出现股价低于净资产的原因主要有如下三点：

（1）整个证券市场低迷，行情处于熊市，市场散漫而且失去理性和信心。熊市给深度套牢的投资者以毁灭性的打击，彻底摧毁了其最后的心理防线。这不但包括广大中小散户，也同样包括机构投资者。他们的认赔割肉出局更加造成了股价的无序下跌，甚至低于净资产。熊市是股价低于净资产现象集中出现的时期。

（2）个股所处行业景气度低或从事的行业太专业，不太容易被投资者接受和注意。

（3）上市公司业绩不善，主营业务进展不顺利，公司发展的脚步已经停滞甚至出现巨幅亏损，被投资者冷落。

股价低于净资产，一般都是无风险获利机会。股价处于净资产以上只是时间问题。

对于上市公司严重亏损的情况，主要是关注其是否具有资产重组的题材。否则，虽然股价低于净资产，但仍然是废纸一张。因为，这种公司的净资产不是现金或能转化成现金的资产，而是被高估了的所谓的"资产"。

对于因为行业景气度低和冷门专业的股票，如果股价低于净资产，可以买入，等待股价重回净资产上方。实际上，股价只要接近净资产，就都是无风险获利机会。2013 年中报，处于低谷期的风电龙头金风科技每股净资产为 4.8 元，然而股价一度跌破净资产，维持在 5 元左右。基于行业的回暖和金风科技龙头地位的巩固和加强，金风科技获得了资本的青睐，由此展开了长期的上涨态势，1 年多时间上涨 400% 以上。

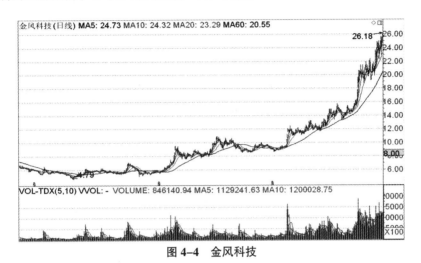

图 4-4　金风科技

对于上市公司本身没有任何问题，甚至还是国家重点支持行业的上市公司，如果股价出现了低于净资产的情况，要果断买进。这是无风险获取暴利的最佳机会。

2005 年 6 月，农产品仍然在 3 元附近徘徊，而农产品的每股净资产为 3.66 元，股价低于净资产。农产品是深圳市一家业绩稳健的上市公司，成立于 1989 年，主营业务为农产品批发市场，并且兼营市场配套和物业等经营管理业务。在党和国家一直将农业作为我国发展的重点工作的前提下，农产品无疑面临着重大的机遇。而政府的"菜篮子"工程也直接对农产品构成利好。两年后，农产品已经从 3 元飞涨到 30 元。

相似的例子还有西飞国际。2005 年西飞国际的每股净资产为 4.96 元，其股价却一度处在 4 元以下。飞机产业是一项高科技产业，但由于我国航空技术的发展停滞，长期以来，我们的民用飞机多数是靠进口高价购买，军用飞机多数是 20 世纪六七十年代的老牌战机，严重拖了我国航空事业和国防事业的后腿。国家必定会投入巨资和大力培养人才，努力发展飞机产业。西

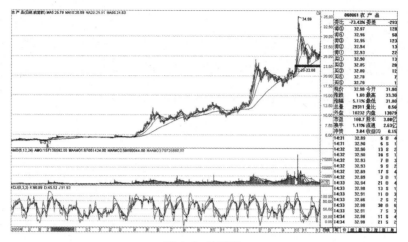

图 4-5　农产品

飞国际是我国发展航空工业的核心公司之一，具备强大的研发实力和飞机整机制造能力，得到党和国家的高度重视和支持，前景远大。在 4 元处买入西飞国际，不论市场如何发展，至少能够达到 4.96 元，获利 20%。这只是时间问题，没有任何风险。而事实上，西飞国际成为两市少见的大牛股。

图 4-6　西飞国际

<h1 style="text-align:center">第四节　资产重组</h1>

资产重组是证券市场永恒的热点和神话。操作资产重组股票的关键在于及时获取准确信息，但这只有极少数实力资金机构和个人能够做到。我们此处讲一种大家都能同时看到的无风险套利方式，那就是股票吸收合并中的差价收入。这种机会在很多大型国有企业的资产整合中存在。典型的例子是，中国铝业合并吸收包头铝业。

2007 年 7 月 3 日，中国铝业、包头铝业发布公告称，中国铝业拟以 1.48∶1 的比例换股吸收合并包头铝业，即包头铝业每股股份将换取 1.48 股中国铝业股份。同时本次合并向公司的股东提供现金选择权，公司的股东有权以其持有的包头铝业股份按照 21.67 元/股的价格申报行使现金选择权。

中国铝业换股吸收合并包头铝业的方案经中国证券监督管理委员会核准，于 12 月 28 日实施。按照换股方案，中国铝业新增 637880000 股 A 股股份，按照 1.48∶1 的比例，换取包头铝业全体股东所持有的全部 431000000 股包头铝业股份，即每 1.48 股中国铝业 A 股股份换取 1 股包头铝业股份。

中国铝业和包头铝业停牌前股价分别为 23.08 元和 26.74 元。按照 1.48∶1 的换股比例，包铝对应合理股价为 $23.08 \times 1.48 = 34.16$ 元，因此中国铝业的整合溢价为 27.7%。也就是说，买入包头铝业的股票，等待换股或者两只股票的价值回归靠拢，就可以获得 27.7% 的无风险收益。

相似的案例还有 2009 年东方航空合并上海航空以及 2014 年中国南车吸收合并中国北车（并改名中国中车）。

2009 年 8 月，根据吸收合并方案，东航吸收合并上航的换股比例为每 1 股上航股份可换取 1.3 股东航股份（以及现金选择权）。以东航 2 月 1 日 6.31 元的收盘价和上航 1 月 11 日收盘价 7.27 元计算，如果投资者在 1 月 11 日上航停牌前买入，将坐享其中的无风险套利空间 $(6.31 \times 1.3 \div 7.27 - 1) \times 100\% =$

12.83%。

2014 年 12 月，中国南车正式宣布与中国北车合并（并改名为中国中车），换股方案为每 1 股中国北车 A 股股票可换取 1.10 股中国南车 A 股股票。而当时中国南车、中国北车停牌价分别为 29.45 元/股和 29.98 元/股。根据参考价并结合前述换股比例，则中国北车投资者主动换股可以获得的无风险套利空间（29.45×1.1÷29.95−1）×100％＝8.06％。

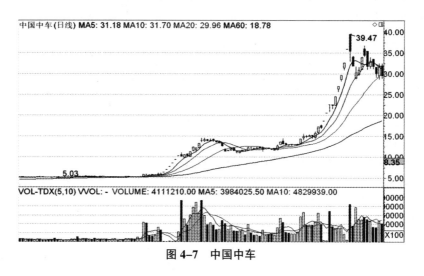

图 4−7　中国中车

在国有企业加大资产重组和整合的大背景下，沪深两市中仍然会存在这样的机会。抓住这些细节，就可以抓住价值回归的无风险利润。

第五节　大股东承诺

对于股份公司来说，大股东是实际控制者。大股东的实力雄厚，其言行能对股价走势产生重大的影响。分析大股东的言行也能够准确把握股价某一段时间的特定走势。比如，大股东的承诺。

在股改过程中，不少上市公司的大股东为了讨好流通股股东，彰显股改诚意，在股改过程中除了正常的送股或转增股本的股改对价外，还有相应的股改承诺，如承诺最高减持价、在股价低于设定价位后的增持行为等。在信用社会，大股东的承诺如果没有兑现，就会受到各种惩罚，因此，从某种程度上说，大股东的承诺都是有效的。在股改和增发时，大股东的承诺，有时可以为市场提供一些无风险套利机会。

战法举例：

（1）2006 年 1 月 16 日，福耀玻璃（600660）披露了经调整后的股改对价方案，承诺股价不低于 6.38 元。福耀玻璃是福建省福清市的一家玻璃制造商，主营业务为汽车用玻璃的制造与销售，是中国玻璃产业的三大龙头公司之一，其经济效益良好，发展前景广阔。但是，公布股改消息时，福耀玻璃的股价在 5 元左右（事实上，福耀玻璃在公布股改方案后的股价曾一度跌至 4.81 元）。大股东的承诺为流通股股东提供了至少 30% 的无风险套利机会。

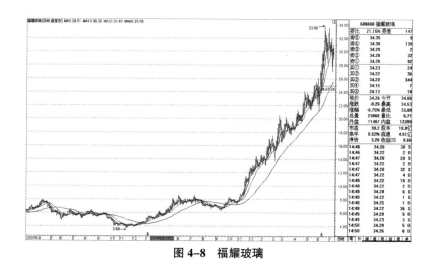

图 4-8 福耀玻璃

（2）2016 年 4 月 28 日，东方铁塔发布公告，公司拟向韩汇如等发行股份募集配套资金 40 亿元购买钾肥资产获得证监会批准，发行价格为 7.68 元。韩汇如承诺，其在本次交易中取得的东方铁塔股份，自登记至本人名下之日起 36 个月内不得转让。本次交易完成后 6 个月内如东方铁塔股票连续

20个交易日的收盘价低于发行价，或者本次交易完成后6个月期末收盘价低于发行价的，本人在本次交易中取得的东方铁塔股份的锁定期自动延长6个月。这其实就是为中小股东作了股价背书，即股价低于7.68元，就是无风险套利区间。

图4-9　东方铁塔

第六节　强势主力被套

在大盘短期强势震荡时期，很多人认为没有获利机会，或被套不能动弹，或空仓等待。其实，只要下功夫，不难找出一些低风险甚至无风险的投资品种。主力被套就是其中的一个典型机会。主力毕竟是主力，怎么着也能扑腾两下。这时趁火打劫，往往获利不菲。这其实是一个馊主意，但如果馊主意管用，那也是好主意。股市如战场，兵不厌诈，胜者为王。

战法举例：

一、打劫东源电器主力

东源电器是中国输配电设备制造龙头企业，从事高压开关及开关柜成套设备生产与销售。在 12~40.5 千伏系列永磁操动智能化高压开关领域具有较大优势。公司技术优势集中体现在对永磁操动技术在开关领域中的运用，率先将永磁操动机构运用于 40.5 千伏电压等级的真空断路器中，在国内运用永磁操动机构居于行业领先地位，正是因为这些技术优势才得以巩固东源电器的输配电行业龙头地位。公司内形成了一套完整的鼓励技术创新的机制，大幅提高研发费用，公司技术创新体系完善，研发条件齐全，高成长性突出。

2006 年 10 月，东源电器（002074）上市之初，就得到主力资金青睐，股价曾一路上涨至 16.50 元，随后跟随中小板展开调整收出五连阴，最低探至 13.60 元后出现企稳回升。到 11 月、12 月，该股上市以来换手率超过 200%，平均股价 15 元左右，股性相当活跃。而股价处于 14 元附近，明显低于主力成本，在此价位介入，风险较低。主力拉高意愿十分明显，可积极关注其主力自救机会。

图 4-10 主力被套——东源电器

二、宏图高科

宏图高科是南京的一家计算机软件、系统集成和网络通信设备制造商，流通盘 2.47 亿元，加上典型的高科技概念，适合主力资金炒作。2007 年 6 月 30 日至 9 月 30 日，宏图高科的机构持股从占流通股的 16% 增长至 40%，增资迅猛，反映了主力资金对该股前景的一致看好。在主力资金增加持股的 7~9 月，该股价格大部分时间都处于 15.50 元以上。也就是说，主力的持股成本至少在 15.50 元左右。然而，10 月却有两天时间，价格一度跌破 14 元。主力资金被套。持有该股的机构都是资金雄厚、作风剽悍的家伙，可以推断，主力必定会采取行动。果不其然，股价很快返回到 15.50 元上方。但是受大盘影响，该股又被恐慌盘强大的抛压再度打压，再次跌破15.50 元。10 月 31 日，主力勃然发威，一鼓作气，20 天将股价拉升至 28 元。主力两次被套，成了绝佳的介入机会。当时预计至少有 1.5 元（15.50-14）的无风险利润。没想到，打劫了一个富得流油的主力，获利 100%。

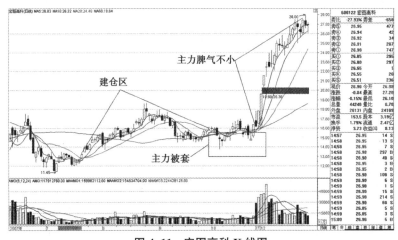

图 4-11　宏图高科 K 线图

打劫主力需要注意以下几点：

（1）主力被套必须是重仓被套，否则，主力随便一补仓，就摊平了成本。

（2）主力必须是实力强悍的主力，笨蛋主力和资金链不充裕的主力很容易演砸。主力的实力是否强悍，其风格如何，本书有专门讲述。

（3）大盘的调整幅度不是太大。必须注意从政府、央行等发出来的声音以及股价目前的价位，综合考虑目前大盘是调整还是下跌。因为到了熊市，很多庄家被套，庄家也会黔驴技穷、无能为力。

三、重庆啤酒

重庆啤酒是中国最优秀的啤酒、饮料生产商之一。目前，拥有资产近 43 亿元，集啤酒、饮料、生物制药于一体的大型企业集团，公司拥有 28 家啤酒分、子公司，啤酒年生产能力突破 280 万吨，拥有"山城""重庆"等著名品牌啤酒系列产品，已跻身"中国十大啤酒集团"前列。此外，重啤与重庆大学、第三军医大学等科研机构联手成立佳辰生物工程有限公司，研制开发具有自主知识产权的国家一类新药——乙肝治疗性多肽疫苗，开创了啤酒企业进入高科技生物制药领域之先河。

2010 年 6 月 9 日，重庆啤酒第一大股东重庆啤酒（集团）有限责任公司（以下简称重啤集团）与嘉士伯啤酒厂香港有限公司（以下简称嘉士伯香港）签订了附生效条件的股权转让协议，重啤集团拟将其持有的重庆啤酒 12.25%的股权转让给嘉士伯香港。加上此前持有的 17.46%，嘉士伯对重庆啤酒所持股份将增至 29.71%，成为重庆啤酒第一大股东。重啤集团的持股比例降至 20%，为重庆啤酒第二大股东。

我们暂且抛开此次收购的意义不说，单就这笔交易的价格来说，就有很多想象。由于转让价格高达 40.22 元/股，这比当时市场股价溢价约 10%，也就是说，大股东自愿被套了。以嘉士伯集团的实力，长期看，他们不会干赔本的买卖。他们一定是看到了超过市价之外的价值，不管是国内的渠道整合还是在于旗下的乙肝疫苗业务，他一定会积极护盘，以免被其他猎食者找到软肋。很显然，此时以市场价买进重庆啤酒的股票，您就可以获得 10%的保险利润。

事实上，消息出来后，重庆啤酒的股价从 33 元附近，一路高歌猛进，仅仅四个月时间股价已经涨幅超过 100%，成为一只大牛股。可见实力雄厚的大股东被套，基本上等于是提款机，盈利只是时间问题。值得注意的是，大股东被套的必须是大笔交易。如果仅仅 2 万股，不疼不痒的，大股东护盘的积极性就没有了。

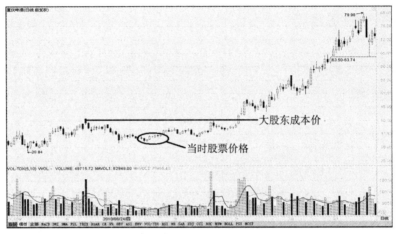

图 4–12　重庆啤酒

四、中恒集团

广西梧州中恒集团股份有限公司（以下简称中恒集团）是一家跨行业、现代化、集团化的民营控股上市公司，为国家级高新技术企业，广西百强企业。

中恒集团构筑了以中药制造业为核心的主导产业，房地产开发为成熟基础产业，保健食品为新增长产业，辅之以酒店、物业及自有资金投资等业务战略格局。

近几年，中恒集团在许淑清董事长的正确带领下，以总占地面积 1500 亩、亚洲最大的中药现代科技工业基地为新的发展平台，加快企业跨越发展的步伐，实现了经营业绩连续跨越式增长，2007 年到 2010 年上半年，连续保持产值、利润和税收平均增幅超过 100%。

2010 年 6 月 17 日，中恒集团（600252）1200 万增发股被华夏和华商两大基金包揽。华夏基金和华商基金两基金公司分别认购 600 万股，完成了中恒集团的定向增发任务，募集资金总额 3.82 亿元。两家基金公司所持有的中恒集团股份数量进一步增加。

公开信息显示，此次增发前，在中恒集团前十大股东中就有华商基金公司旗下的华商盛世成长基金、华商领先企业基金，两只基金合计持有 1534.18 万股；华夏基金公司旗下的华夏大盘精选基金、华夏优势增长基金、华夏策略精选基金三只基金合计持有 2004.98 万股，全部为无限售条件股份。

据中恒集团公布的发行报告书，此次两大基金公司认购股份的单价为 31.85 元/股，发行价格比发行底价溢价了 227.67%，是最新收盘价 37.64 元/股的 84.62%。但是，在最牛基金经理王亚伟的华夏系基金参与增发后，股价却直线下跌，最低跌至 24 元，王亚伟损失惨重。但是，作为中国最具实力的基金公司，在市场情况不是特别差的情况下，华夏基金和王亚伟不会被动等待，一定会采取护盘动作，至少要维持在成本价 31.85 元。那也就是说，你若在 24 元买进，就可以从老王那里获得 7.85 元的支票，利润空间达到 30% 以上。而市场的表现，更加超越这个底线，中恒集团股价在机构们的护盘下不但收复失地，更是由于其 10 送 2 转 8 派 0.25（含税）的高送转分红方案推波助澜，除权后又一路上冲至 40 元附近，股价翻了 3 倍，成为 2010 年的超级明星股。

此处的关键：一是被套股东要实力雄厚，二是这笔交易对被套股东必须是举足轻重的。

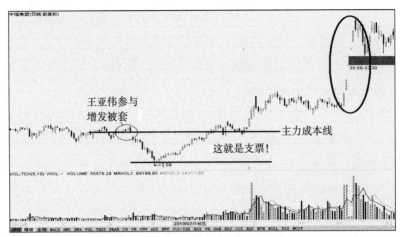

图 4-13　中恒集团

第五章　透析庄股

导言

在股市中，自然不免要与庄家打交道。其实庄家也和普通投资者一样，其主要目的是获利。但是，庄家由于其自身的资金实力和技术研究能力，可以控制和影响一只股票或者一个板块的价格波动，并从中获取丰厚利润。由于庄家的参与，大大提高了市场的活跃性，使证券市场有了更多的获利机会。有的投资者抱怨庄家的凶恶贪婪，其实没有任何意义。要怪就只怪自己不懂规则，不懂股价运行的规律，不懂庄家的暗示。其实，与庄共舞，其乐无穷。

第一节　认识庄家

一、老鼠仓

由于法律和制度的原因，庄家的集中行动会受到限制。因此，庄家为了达到操控某一只股票或者某一个板块的目的，会采用很多个个人或机构账号，将大资金分散成若干股小资金，以跳出法律限制。但实际控制人只是一个人或者资金集团。这若干个账号，就被称为老鼠仓。老鼠仓往往全国布局，分散在不同城市和不同证券营业部。

二、虚假委托

庄家的虚假委托，实质上是商业上的"托儿"。细心的投资者可以发现，常常有些股票委托买单或者委托卖单非常踊跃，可是显示出来的成交量却非常少。这些单子就是"托儿"，其目的是制造上涨或者下跌的假象，以达到诱惑或者吓唬投资者的目的。

三、对倒制造成交量

对倒就是资金从一个老鼠仓或者一系列老鼠仓流向另一个老鼠仓或者另一系列老鼠仓，自己卖自己买，从而达到控制股价或者扩大成交量的目的。目前，对倒会被判为操纵股价罪而受到惩罚，但是，由于隐蔽在几百个甚至更多账号内，可以做到"不违法"地操作。

四、有专业的证券研发实力

庄家的项目运作需要符合市场规律，违背规律肯定是以失败而告终。所以，庄家挖空心思地对股票进行科学系统的调研和分析。主要体现在如下三个方面：

一是在基本面上挖掘上市公司的价值，并妥善处理好与上市公司的关系，以达到与二级市场上股价运作相配合。

二是对K线图掌握非常精通，能够根据需要制造技术骗线、图形陷阱或打乱技术指标，也可以通过对倒制造成交量。

三是详细了解市场的心理状态和思维习惯，并以此为依据，指导战术的开展。所以，心态不稳定和思维定式的人往往在股票投资上一败涂地。

五、有广泛快速的信息获取能力

庄家的社会关系非常广泛而且性质重要，使其及时获取对股市或个股有重大影响的信息，因而能够先知先觉，行时而动。

第二节　庄家坐庄运作控制过程

庄家操盘过程极其详细周密，实际过程非常复杂。而且约定时间和约定价格的成交及数量往往会改变，但是这多数在庄家的控制之中。换言之，坐庄前庄家一般都已经做过最坏的打算和最充足的准备了。

一、确定进庄类型

庄家的进庄类型主要有资金性进庄和目标性进庄。资金性进庄就是有大量闲置资金，需要进入股市进行套现活动。目标进庄就是发现了股市中的可投机项目，而后募集资金进行坐庄活动。庄家在进庄前，要做大量的调研和准备，以做到对目标个股的全方位准确把握，提高运作的成功率。庄家进庄炒作的舆论支撑是，牛市靠业绩，熊市靠热点题材。

二、操盘规划

在确定了进庄类型和各种调研、准备后，就开始制定详细的操盘规划。其中包括项目运作的目标利润，出现意外情况后的危机应变措施和准备、操控的节奏，以及能够借助媒体和上市公司的配合帮助等。

三、操盘方式

操盘方式包括各个阶段操盘手法的变化、K线图表的控制、盘口操控。

1. 各个阶段庄家操盘手法

简单来讲，就是建仓前的试盘、建仓、震仓、拉升和出货方式。

（1）试盘就是用少量资金进行盘面探测。看有没有碰庄现象。如果有，则可以采取友好的联合坐庄，也可以采取对抗式的抢庄。主要依据是自己的资金和研发实力。如果没有，就直接开始建仓活动。

（2）建仓就是在尽量低的价格和时间规定的限制内完成筹码的收集。对于不同的庄家来说，建仓的方式不同，中长线庄一般在一个大阶段底部开始建仓，而短庄则有可能采取突然性的拔高建仓。根据不同的操盘计划，建仓的方式也各不相同。

（3）由于建仓规模较大，因此股价重心会自然上移。这就需要进行震仓洗盘，以减少低位进入的短线获利筹码，为拉升扫清障碍。主要方式有打压、震荡等。庄家震仓时，考虑的主要是市场的心理承受能力。洗盘幅度太小，达不到效果；洗盘幅度太大，容易把市场人气打散，最后无人响应，把自己套在高位，骑虎难下。

（4）洗盘后要拉高股价，以便达到目标价位。拉高有缓慢拉高和急拉之分。缓慢拉高采用温水煮青蛙的方式，在不知不觉中到了最高价位，而市场中小散户还在积极地参与时，主力就开始出货了。急拉就是连续拉出长阳线，中间或许进行短暂的停顿轧空，然后继续加速拉出长阳线。最强的拉升方式就是连续涨停。

（5）庄家的出局手法千奇百怪，没有固定的模式。因为这是关系到庄家的筹码能否兑现的关键时刻，所以，庄家肯定利用全身的解数来完成出货。

2. K线图表的控制

图表控制主要是对K线、技术指标和成交量的控制。K线控制如长阳线、长阴线、十字星、小阳线、小阴线、高开、平开、低开等。成交量控制主要是控制成交量的变化幅度。技术指标控制就是通过量价等基础因素来进行调整达到骗线或者吸引市场注意的目的。

3. 盘口操控

具体如委托单运作、分时图形、量价关系等。

四、主力运作过程分拆解读

（一）建仓方式

主力建仓就是要在规定的价格范围和规定的时间内，吸纳足够数量的股票。这可不是一个简单有趣的活儿。由于主力吞货量相当大，想要顺利建仓需要一定的技巧和智谋，不像散户鼠标一点就轻松实现空仓和满仓的切换。

1. 建仓方式之温和吸纳

（1）这种情况出现的背景是：市场经过持久和深幅下跌，市场信心极度低迷，人气散漫，成交量稀少。

（2）春江水暖鸭先知，主力已经先知先觉地感受到了政策面的转暖趋势，时间较为充裕，主力在低位廉价慢慢吸纳。

（3）随着庄家大资金悄然进场、积极吸筹，必然构成底部抬高，筹码趋向密集。因此，股价和成交量都会逐步缓慢地站在 20 日均线和均量线以上。

这种吸筹方式主要为长庄所用，所以，在经过长期的横盘、成交温和放大后，投资者可以积极介入，中长线持有。

2. 建仓方式之低位横盘震荡吸货

（1）股价持久横盘几个月甚至一两年，既不上涨也不下跌，挑战市场散户的心理承受极限，诱惑投资者卖出。

（2）主力不想在建仓阶段出风头，所以吸筹力度不会太大。股价反复震荡，在震荡之中主力有耐心地在低位悄悄吸筹。

（3）一旦股价开始有起色，盘口就会经常出现大卖单压住，遏制股价的上涨，但在股价连续回落时，又会经常涌出一些间歇性的买单，将低位抛盘

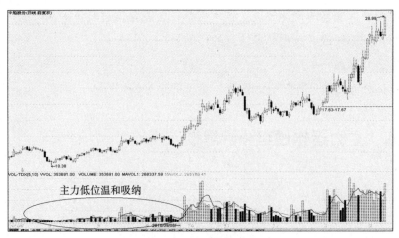

图 5-1　主力低位温和吸纳

接走。

（4）在建仓初期阶段，成交量经常会呈现出无规则的间歇性放大，形成所谓的"散兵坑"形态。

主力主要是靠股价长时间的反复震荡来消磨持股者的耐心，从而实现在低位市场不知不觉中完成筹码的吸纳。

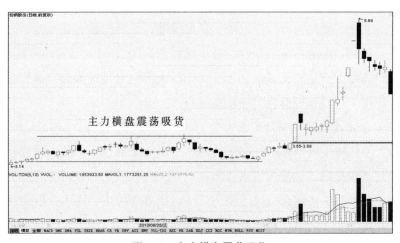

图 5-2　主力横盘震荡吸货

3. 建仓方式之拔高建仓

（1）拔高建仓的背景：大势或个股突遇政策面等重大利好时，主力因为资金性质等原因建仓时间紧迫。

（2）拔高建仓的突出特点：价暴涨量暴增。甚至突破原高点，解套原高点套牢盘，以获取足够的筹码。

（3）拔高建仓后，股价一般会大幅震荡，迫使市场在低位交出更多便宜筹码。

拔高建仓手法是主力反技术手法的应用。既然主力敢于解套前期高点的套牢盘，说明主力的目标价位在更高的位置。我们前面讲到的鹅头形态就是属于拔高建仓的经典形态。

4. 建仓方式之利空打压建仓

（1）这种股票一般是股性活跃，题材丰富的个股。

（2）出现利空时，股价快速下跌，但是成交量却在下跌后迅速放大。

（3）这种建仓操作完成后，往往仅是一波强势拉升，然后接着出货。时间不会太久，属于游资的经典波段炒作手法。

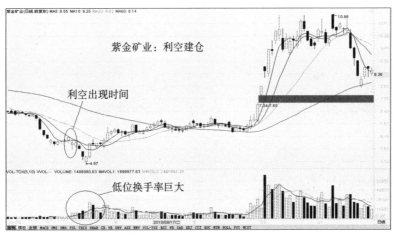

图 5-3　紫金矿业利空建仓

2010 年 7 月 13 日，由于紫金矿业（601899）发生了严重环保事故，其紫金山铜矿湿法厂污水池发生渗漏，造成汀江流域局部污染，引起大量鱼类中毒死亡，股票复牌后暴跌，仅仅 5 个交易日，下跌幅度就达到 20%。然而，股价在下跌的同时，换手率却在逐日提高，5 日累计换手率超过 20%，主力迅速完成建仓。之后，主力迅速将股价拉离成本区，经过 1 个多月的洗盘，又顶着涉嫌信息披露违规一案被立案调查的利空信息，一路狂飙，仅 10 个交易日，股价就从 6 元上涨到 10 元附近，涨幅达 70%。

无独有偶，2010 年 3 月绿大地（后改名为云投生态）的流通股股东在期待更加靓丽的业绩时，该股却爆出猛料"干旱导致苗圃受灾，损失惨重，亏损达 1.5 亿元"，股价随即出现大幅下挫。然而在低位却出现了大量的换手，成交量迅速放大。仅 3 月 30 日一天，换手率就达到 13%，后经过两次挖坑，在低位又进行大肆吸纳，低位换手明显。之后，股价顶着接连的利空一口气从 18 元攀升至 44 元，实现了翻番。富有戏剧性的是，在高位却出现了利好消息，又是中标 5 亿元大订单，又是战略转型见成效，背后却是主力大规模地出逃，随后的股价扮演了跳水冠军的角色，重新回到了原点。绿大地因此成了 2010 年投资者最惹火的品种。

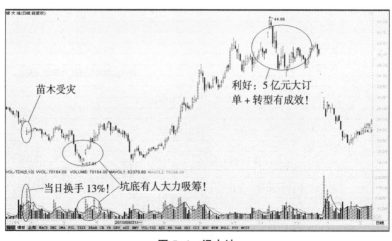

图 5-4　绿大地

（二）洗盘方式

主力洗盘旨在吓唬不坚定的浮筹，迫其离场，以减轻后期拉升的阻力。洗盘往往伴随着飘忽不定的黑色恐怖气氛，让你在惊慌错乱中仓皇离场，就像你在造访久违的好友时，看到他门上赫然写着：此人已死，有事留言，晚上找你！

1. 洗盘方式之破坏图形

（1）这种洗盘方式多集中出现在绩优股或有题材的股票。因为绩优股和题材股都是投资者积极追逐的目标，不会轻易放手。

（2）破坏图形的步骤是，先猛烈打压，再制造一个小反弹，然后，更加猛烈地打压。比如，跌破 30 日均线，然后又反弹到 30 日均线附近，给人以希望，最后一次猛烈打压，又跌破 30 日均线，彻底粉碎了市场浮筹的梦想，技术图形被严重破坏，使持股者因痛苦和恐惧纷纷抛出股票。

这种方式的基础是庄家对市场普通投资者心理承受能力的准确把握。一般的"价值投资者"都是三心二意的价值投资者，真正持股的时间较短，更主要的是受具体价格波动的影响。当股价跌破均线时，他们可能还没有受到很大影响，甚至当反弹时还在得意自己的正确判断。可是又一次猛烈的打压

图 5-5　破位洗盘之四川美丰

完全出乎他们的意料，技术图形的破坏，使他们丈二和尚摸不着头脑，面对巨大的压力，还是交出了筹码。庄家的狡猾总是超出你的想象。

2. 洗盘方式之大幅跳水

（1）这种洗盘方式需要大盘调整或个股利空配合。

（2）洗盘的涨跌幅度大、气势猛，超出一般投资者的想象，造成极度恐慌，可以较为彻底地清洗浮筹。

这种方式主要是考验投资者的心理和风险承受能力。对于一般投资者来讲，猛烈的下跌会使本来清醒的头脑变得开始怀疑，并有可能割肉出局。这正是庄家所希望的事情。等到你真正醒悟过来又追高后，又陷入了另一个迷局——庄家开始出货了。

3. 洗盘方式之边拉边洗

（1）边拉边洗式洗盘区别于其他洗盘方式的重点是，边拉边洗是利用 K 线图洗盘，而其他的更多借助于波段图形。这样就缩短了行情周期。

（2）主力在分时走势上先是放量拉高，然后又掉头打压，在 K 线图上留下一根带长上影线的阳线。或者今日拉一根大阳线，明日收一根带长上影线的小阴线。这种方式既可以拉高股价又达到洗盘的目的。拉高和洗盘同时进行。

（3）按照同样的方法反复进行。边拉边洗式的洗盘让高抛低吸者屡屡踏错节拍，不断地抬高市场持股的成本。不断拉高的股价还可以吸引市场的人气，为日后主力出货奠定基础。边拉边洗是为了不让跟风者"高抛低吸"，而是低抛高吸，尤其是当大盘或个股有利空时，主力就趁势打压。

（三）主力出货方式

1. 出货方式之直接横盘派发

（1）股价处于波段循环高位，并保持持久横盘。

（2）每日震荡幅度加大，K 线围绕日均线呈现出长上影或长下影的毛毛虫形态。

（3）成交量巨大而且杂乱无章。

这种出货方式似乎很平淡直白，没有什么技巧，但是却屡屡得手。所谓

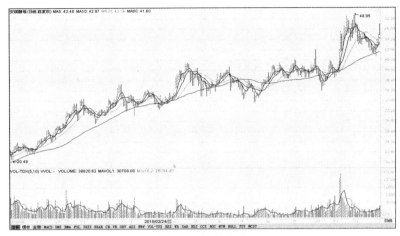

图 5-6　边拉边洗

无招胜有招，而这种想象中最没有可能出货的、安静的、直白的平顶走势又成了主力的绝招。最平静的走势或许是最危险的走势，在股海中颠簸，须处处小心。

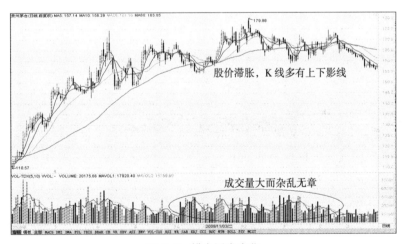

图 5-7　横盘派发出货

2. 出货方式之涨停法

主力发力把股价拉到涨停板上，然后在涨停价上封几十万的买单，由于买单封得不大，于是全国各地的短线跟风盘蜂拥而来，赶在最后一笔封单杀停之前进入"连续涨停"末班车，然后主力把自己的买单逐步撤单，在涨停板上偷偷地出货。当下面买盘渐少时，主力又封上几十万的买单，再次吸引最后一批跟风盘追涨，然后又撤单，再次派发。若高位出现巨量涨停而又很长时间不封停时，必须警惕。

3. 出货方式之跌停法

有时早上一开盘有的股票以跌停板开盘，把所有集合竞价的买单都打掉，许多人一看见就会有许多抄底盘出现，如果不是出货，股价会立刻复原，如果在跌停板上还能从容进货，绝对证明主力用跌停出货。这一招是专门为"抢跌停"一族准备的"最后晚餐"。

4. 出货方式之高位巨量假突破法

这里的巨量是指超过10%的换手率。这种突破，十有八九是假突破，既然在高位，那么庄家获利丰厚，为何突破会有巨量，这个量是哪里来的？很明显，巨量是短线跟风盘扫货以及庄家边拉边派共同成交的，庄家利用放量上攻来欺骗投资者。放量证明了筹码的锁定程度已不高了。所谓过犹不及，换手过高也暴露了庄家出货的阴谋。股价自然如强弩之末，难有大作为了。

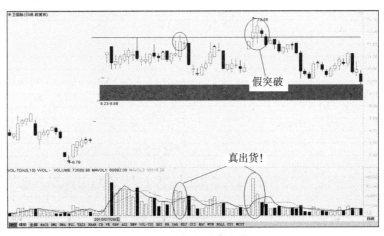

图5-8　假突破真出货

5. 出货方式之假委托单

在股票分析系统中的三个委买委卖的盘口，庄家最喜欢在此表演。主力通过大挂单进行盘口的诱导，以达到自己的特殊目的。以下几种情况需要特别注意：

（1）股价在大买单的推动下快速上涨，则说明大资金介入较为坚决，可以跟进做多。

（2）股价大买单拥堵而股价并未上涨，则主力意在忽悠人气，让散户追捧。如果不涨反跌，且成交量并没有大笔成交，这意味着大单已撤，刚才的挂单是庄家故意引诱散户买入，大多为庄家诱多出货。

（3）在大卖单的抛压下股价连续下跌，说明庄家正在出货。

（4）委托卖盘乌云压顶而股价并未下跌，则为主力制造虚假抛压，意在吓阻跟风盘，进行洗盘。有时买卖盘中并没有大单出现，但是成交中却出现了大笔成交，这种情况是庄家对倒所致。

6. 出货方式之化整为零

一般认为，只有大单才是主力的象征。这是个错误的观点，主力往往反其道而行之。比如主力的少量勤抛就是其中一种典型的隐形做法。每次只卖3万股或者4万股，则几乎所有的软件分析系统都不会把这种小单成交当作是主力出货，只看作是散户的自由换手。其实是主力在悄悄出货。应对这种情况的办法是，关注换手率和外、内盘对比异动情况。

7. 出货方式之除权法

这种情况大多是庄家对倒拉升派发。庄家利用除权，使股票的绝对价位大幅降低，从而使投资者的警惕性降低，由于投资者对强庄股的印象极好，因此在除权后低价位放量拉高时，都以为庄家再起一波，做填权行情。吸引大量跟风盘介入，庄家边拉边派，庄家不拉高很多，已进场的没有很多利润不会出局，未进场的觉得升幅不大可以跟进。再加上股评的吹捧，庄家就在散户的帮助下，把股票兑现为钞票，顺利出逃。前面我们讲过业绩并不优秀的公司高分红陷阱就是其中的典型。

8. 出货方式之高位急转

高位急转一般系短庄所为，从建仓到出货紧锣密鼓、一气呵成。股价先是巨量上冲，而后迅速回落，形成高位急转。这种出货，对于短线追高族是致命的陷阱。因为在短期内急速的量价齐升，达到一定高度后的调整往往会被人们视作启动前期的洗盘行情。而操盘者往往利用人们的这种心理，在股价达到一定高度后短期内就迅速派发，后市不仅没有主升浪，股价还会因为高位套牢筹码过多而调整较长一段时间，我们称这种走势为骗人的"小飞尖"。

最典型的"小飞尖"形态出现在 2000 年 3 月前后的天山纺织（000813）的走势图中。当时该股短线突然启动，放量连续拉出两个涨停板。随后股价在高位震荡了一周左右，成交量接连创出新高，看上去很像洗盘行情，可是当短暂的盘整期过后股价迅速回落，但成交并不萎缩。自此之后，该股显然失去了上涨的动力，连续盘整直到现在，显然主力资金在这个"小飞尖"形态中已经出局。

对于"小飞尖"走势的这种欺骗性，投资者可以通过以下几个方面进行识别：首先，不要盲目相信底部突然连续放出巨量的股票，就是要走大行情的股票。其次，对于技术面和基本面同时有异动的个股要提高警惕，注意运用反向思维进行操作。最为重要的一点是，"小飞尖"操盘的经典在于"尖"上，短线突然启动的股票在某一日一旦放出巨量回落，不管它涨幅是多是少，投资者最好都要回避。

当然，主力的运作绝不仅仅是技术操作，这背后是更加复杂的产业和金融运作，是信息战和心理战。如果您将主力建仓看作是购进原材料，把过程运作看作是来料加工和包装，把出货看作是广告和销售，我想，你可能更好理解主力的思路和谋略。此不宜多讲，简单举例，仅供揣摩。

2008 年，国内一位私募领军人物拍得一次与世界股神巴菲特共进午餐的机会，价格 211 万美元，时间 3 个小时，就餐地点是在纽约一个叫 Smith & Wollensky 的牛排连锁店。消息传出，全世界哗然，一个字，贵！人们的思维停留在一个问题上：他们吃什么？当得知是普通的牛排、汉堡等垃圾食品时，绝大多数人都摇头：211 万美元，不值得。但他们仍然想看稀奇热闹，媒体也迎合了这种偏好，都将聚光灯聚焦在这顿午餐上。

2009 年 6 月 24 日，这位私募大佬和巴菲特都出现在了聚光灯下。在他们约好的就餐地点，媒体生怕漏下任何一个细节，紧盯着两位的每一个毛孔，一丝不苟。午餐开始了，这位私募大佬送了巴菲特三份礼物：茅台美酒、东阿阿胶和物美商业的财务报表。巴菲特咧着嘴笑。接着该吃饭了，两人都心不在焉地随便要了一份餐点，席间却只顾谈话。媒体的期望值太高了，于是摄像头都从那些没有任何新闻价值的垃圾食物上移到两个人的脸上。因为两个人都是搞证券的，所以，谈话的内容也就集中到了股票和价值投资上。谈到高兴时，这位仁兄给巴菲特推荐了一只在港交所上市的潜力股票，巴菲特非常感兴趣，说一定要好好看看。其他的扯了一会儿，就到时间了。事后这位仁兄对媒体说，学到了巴菲特的很多东西，非常满意。和巴菲特一起谈论的那只股票，也被媒体传播到世界各地，投资者纷纷竞购，股价在短期内实现了暴涨。有趣的是，这位私募大佬重仓持有该股，一度成为该股的第一大流通股东。这次股价大涨，使得他的账面四天内大幅升值 24%，约 1.3 亿港元，此后一年该股又一路上扬，最高涨幅达到 3 倍。不说后面的大幅上扬，仅仅是那几天的小利，也足够抵得上 8 个"午餐费"了。

很显然，这位私募大佬早就完成了仓位布局，要等待股价上涨就可以实现收益。怎么上涨呢？只有大家都买才会上涨。怎样让大家都买呢？推荐。你自己推荐，别人未必听你的，况且这还要冒操纵股价的法律风险。怎么办呢？让这只股票和巴菲特联系起来。这样一来，第一不冒法律风险，第二巴菲特作为股神有世界上最广泛的号召力，一举两得。怎么让巴菲特推荐呢？机会来了，午餐拍卖，才 211 万美元，便宜！管他吃什么，只要能给巴菲特推荐就可以了。巴菲特拿了人家的钱，还收了人家的礼物，人家很真诚地给你推荐股票，你就是心里不满意也不能表现出来啊，吃人嘴短的道理还是世界通用的。媒体的聚光灯于是聚焦了巴菲特和这只股票。绝大多数投资者只要听到与巴菲特有关的股票都会竖起耳朵，于是纷纷竞购这只股票，此番目的达到了。而且，明明是给巴菲特一个人推荐的，其他人通过媒体得到消息并且自愿购买与他没关系，法律上站得住脚。此计的关键是，暗中利用了媒体来达到广告目的，醉翁之意不在酒，在乎山水之间也。真是"谈笑间，樯橹灰飞烟灭"。

第三节　认识资本派系，追随股市传奇

市场上最活跃的股票都与资本集团的运作有关系。资本集团都有其独特的风格和运作特点。了解这些资本集团，对于分析其运作的股票也有一定的参考价值。

自中国资本市场建立以来，有很多有关联的资金集团叱咤风云，创造了一个又一个神话和财富传奇。投资者要想在股市中取得成功，不认识这些资金集团和其运作风格，恐怕难以实现。这就如同经商，在某一个行业里发展，却不知道行业里的龙头和其领导市场的风格和运作方式，你将始终徘徊在小地摊商贩的水平。

一、资本派系分类

目前在资本市场上，比较有影响的派系按照背景划分主要有三大类：一是中央企业派系，二是地方国资委派系，三是民营企业派系。

1. 中央企业派系

表 5-1　中央企业派系成员一览

派系名称	控股股东（或实际控制人）	所属行业	主要派系成员
中国石油系	中国石油天然气集团公司	采掘及石油、化学、塑胶、塑料	S 锦六陆（000686）、中油化建（600546）、大连圣亚（600593）、石油济柴（000617）
中国石化系	中国石油化工集团公司	采掘及石油、化学、塑胶、塑料	泰山石油（000554）、S 武石油（000668）、S*ST 石炼（000783）、岳阳兴长（000819）、江钻股份（000852）、中国石化（600028）、S 鲁润（600157）、S 上石化（600688）、S 仪化（600871）
中粮系	中国粮油食品（集团）有限公司	食品、饮料	中粮地产（000031）、中粮屯河（600737）、S 吉生化（600893）、丰原生化（000930）

派系名称	控股股东（或实际控制人）	所属行业	主要派系成员
华源系	中国华源集团有限公司	医药	万东医疗（600055）、双鹤药业（600062）、*ST 华源（600094）、景谷林业（600265）、S*ST 源药（600656）、*ST 源发（600757）、中西药业（600842）、上海医药（600849）
蓝星系	中国蓝星（集团）总公司	石油、化学、塑胶、塑料	蓝星清洗（000598）、沈阳化工（000698）、S 蓝石化（000838）、星新材料（600299）
中国化工系	中国化工集团公司	石油、化学、塑胶、塑料	沙隆达 A（000553）、蓝星清洗（000598）、沈阳化工（000698）、S 蓝石化（000838）、河池化工（000953）、中泰化学（002092）、黑化股份（600179）、沧州大化（600230）、星新材料（600299）、天科股份（600378）、风神股份（600469）、*ST 黄海（600579）、大成股份（600882）
宝钢系	宝钢集团有限公司	金属、非金属	宝钢股份（600019）、八一钢铁（600581）、宝信软件（600845）
攀钢系	攀枝花钢铁（集团）公司	金属、非金属	攀钢钢钒（000629）、攀渝钛业（000515）、*ST 长钢（000569）
中铝系	中国铝业公司	金属、非金属	焦作万方（000612）、包头铝业（600472）、中国铝业（601600）
一汽系	中国第一汽车集团公司	机械、设备、仪表	一汽轿车（000800）、一汽夏利（000927）、一汽四环（600742）
东风系	东风汽车公司	机械、设备、仪表	东风科技（600081）、东风汽车（600006）
东方电气系	中国东方电气集团公司	机械、设备、仪表	东方锅炉（600786）、东方电机（600875）
航天系	中国航天科技集团公司、中国航天科工集团公司	机械、设备、仪表	中兴通讯（000063）、航天科技（000901）、航天电器（002025）、中国卫星（600118）、航天机电（600151）、航天信息（600271）、航天动力（600343）、航天晨光（600501）、航天通信（600677）、航天长峰（600855）、火箭股份（600879）
航空系	中国航空工业第一集团公司、中国航空工业第二集团公司	机械、设备、仪表	西飞国际（000768）、中航精机（002013）、贵航股份（600523）、力源液压（600765）、ST 宇航（000738）、成发科技（600391）、哈飞股份（600038）、东安动力（600178）、昌河股份（600372）、洪都航空（600316）
兵工系	中国兵器工业集团公司	机械、设备、仪表	新华光（600184）、北方股份（600262）、北方国际（000065）、北方创业（600967）、凌云股份（600480）、北方天鸟（600435）、长春一东（600148）、晋西车轴（600495）

派系名称	控股股东（或实际控制人）	所属行业	主要派系成员
福马系	中国福马林业机械集团有限公司	机械、设备、仪表	常林股份（600710）、林海股份（600099）
中国医药系	中国医药集团总公司	医药、生物制品	一致药业（000028）、国药股份（600511）、云南白药（000538）
三九系	三九企业集团（深圳南方制药厂）	医药、生物制品	S*ST生化（000403）、S三九（000999）
国家电力系	中国国电集团公司	电力、煤气及水的生产和供应业	长源电力（000966）、国电电力（600795）
国家电网系	国家电网公司	电力、煤气及水的生产和供应业	*ST明星（600101）、岷江水电（600131）、西昌电力（600505）、乐山电力（600644）
大唐系	中国大唐集团公司	电力、煤气及水的生产和供应业	华银电力（600744）、桂冠电力（600236）、大唐发电（601991）
华电系	中国华电集团公司	电力、煤气及水的生产和供应业	华电国际（600027）、黔源电力（002039）、华电能源（600726）、国电南自（600268）
中远系	中国远洋运输（集团）总公司	交通运输、仓储业	中集集团（000039）、中远航运（600428）
中海系	中国海运（集团）总公司	交通运输、仓储业	中海发展（600026）、中海海盛（600896）
中国电子系	中国电子信息产业集团公司	信息技术业	长城开发（000021）、深桑达A（000032）、长城电脑（000066）、长城信息（000748）、夏新电子（600057）、上海贝岭（600171）、中国软件（600536）、中电广通（600764）、南京熊猫（600775）
普天系	中国普天信息产业集团公司	信息技术业	东信和平（002017）、波导股份（600130）、上海普天（600680）、东方通信（600776）
长城系	中国长城计算机集团公司	信息技术业	长城开发（000021）、长城电脑（000066）、长城信息（000748）
中信系	中国中信集团公司	综合类	中信海直（000099）、中兴商业（000715）、中信国安（000839）、中信证券（600030）、中信银行（601998）
华润系	华润（集团）有限公司	综合类	万科A（000002）、东阿阿胶（000423）、东北制药（000597）、华润锦华（000810）、S三九（000999）、万东医疗（600055）、双鹤药业（600062）、*ST华源（600094）、景谷林业（600265）、S*ST源药（600656）、*ST源发（600757）、中西药业（600842）、上海医药（600849）、S吉生化（600893）

续表

派系名称	控股股东（或实际控制人）	所属行业	主要派系成员
招商系	招商局集团有限公司	综合类	深赤湾 A（000022）、招商地产（000024）、中集集团（000039）、华北高速（000916）、ST 东北高（600003）、招商银行（600036）、招商轮船（601872）

资料来源：聚源 e 财讯、聚源数据制表（www.gildata.com.cn）。

2. 地方国资委派系

上市公司的控股股东或实际控制人是地方国有资产监督管理委员会直接管理的企业。

表 5-2　地方国资委派系成员一览

派系名称	控股股东（或实际控制人）	所在地区	所属行业	主要派系成员
首创系	北京首都创业集团有限公司	北京	社会服务业	首创股份（600008）、S 前锋（600733）
上实系	上海实业（集团）有限公司	上海	综合类	上实医药（600607）、上实发展（600748）
上海电气系	上海电气（集团）总公司	上海	机械、设备、仪表	二纺机（600604）、S*ST 中纺（600610）、海立股份（600619）、上电股份（600627）、上海机电（600835）、上柴股份（600841）、自仪股份（600848）
光明食品系	光明食品（集团）有限公司	上海	食品、饮料	上海梅林（600073）、光明乳业（600597）、第一食品（600616）、海博股份（600708）
深圳中航系	第一大股东中国航空技术进出口深圳公司	深圳	综合类	S 飞亚达（600026）、深南光 A（000043）、深天马 A（000050）
赛格系	深圳市赛格集团有限公司	深圳	电子	*ST 赛格（000058）、S 三星（000068）
太极系	太极集团有限公司	重庆	医药、生物制品	桐君阁（000591）、太极集团（600129）、西南药业（600666）
华晨系	华晨汽车集团控股有限公司	辽宁	机械、设备、仪表	申华控股（600653）

资料来源：聚源 e 财讯、聚源数据制表（www.gildata.com.cn）。

地方国资委背景的主要派系共有 8 个，主要分布在经济繁华的上海、深圳、北京、重庆，其中上海占的比重较多，有 3 个派系，深圳有 2 个派系，北京、重庆、辽宁各 1 个。

地方国资委背景的派系分布在机械、设备、仪表，综合类，社会服务业，食品、饮料，医药、生物制品及电子业。

3. 民营企业派系

民营企业派系就是上市公司的控股股东是民营企业背景的派系。

表 5-3　民营派系成员一览

派系名称	控股股东 （或实际控制人）	所在地区	所属行业证监会 大行业	主要派系成员
明天系	明天控股有限公司	北京	信息技术业	明天科技（600091）、西水股份（600291）
泰跃系	泰跃投资集团有限公司	北京	房地产业	湖北金环（000615）、S 茂实华（000637）、景谷林业（600265）
复星系	上海复星高科技（集团）有限公司	上海	综合业	复星医药（600196）、南钢股份（600282）、羚锐股份（600285）、豫园商城（600655）、友谊股份（600827）
涌金系	涌金实业（集团）有限公司	上海	金融、保险业	银河动力（000519）、九芝堂（000989）、青岛软控（002073）、成都建投（600109）、中宝股份（600208）、千金药业（600479）
斯威特系	南京斯威特集团有限公司	江苏	综合类	*ST 沪科（600608）、S*ST 中纺（600610）
华立系	华立产业集团有限公司	浙江	机械、设备、仪表	华立药业（000607）、华立科技（600097）、昆明制药（600422）、武汉健民（600976）
万向系	万向集团公司	浙江	机械、设备、仪表	万向钱潮（000559）、承德露露（000848）、万向德农（600371）
特变电工系	特变电工股份有限公司	新疆	机械、设备、仪表	特变电工（600089）、新疆众和（600888）

资料来源：聚源 e 财讯、聚源数据制表（www.gildata.com.cn）。

民营背景的派系分布在北京（2 个）、上海（2 个）、浙江（2 个）、南京（1 个）、新疆（1 个）五个区域，行业主要集中在机械、设备、仪表业。

在全流通时代，资本市场上可能还会涌现出不少派系。腾挪跌宕的派系企业的兴衰，或许可以为后来的派系留下启示。

二、影响较大的资本派系简介

在以上三种派系的运作上，中小型的民营资本走在了前头。不可否认，也有一些民营派系是资本运作的高手，应该看到他们为中国金融体制改革及发展增添了新的活力。

下面，我们就对其中一些影响较大的派系运作过程做简单的回顾，以便投资者从运作者的角度来考虑问题，从而做出更加周全和准确的投资计划。

（一）明天系简介

2003年，当资本市场上各路老庄新贵挥舞着资本大刀四处出击之时，一向骁勇善战的"明天系"显得格外安静。如果不是因为市场谣言所迫而举牌爱使股份，也许，这个资本大鳄已经慢慢消失在人们的视线中了。

然而，资本从来就是不甘寂寞的，依靠资本运作起家的肖建华和他的"明天系"自然更不会甘于寂寞。只不过在"农凯帝国"崩塌、"德隆王朝"风雨飘摇的市场环境下，"明天系"精明地选择了"避开公众赚点钱"的策略。

"从上市公司圈钱的时代已经过去，我们要打造自己的金融王国。"——"明天系"掷地有声的宣言恰恰为其描绘的金融蓝图做出了最好的注解。因此，在经济全球化和金融一体化进程日益加快、金融控股公司风起云涌、中国许多产业集团和金融机构积极推进的背景下，已具有明显金融控股公司特征的"明天系"确实值得认真解读。

1. 崛起：在实业并购中

从1993年创办第一家公司至今，短短十年的时间，"明天系"拥有了5家上市公司，总资产50多亿元，净资产20多亿元。如此迅猛的资本增长速度，真是令人瞠目。这是又一个资本神话。它的主角是年仅35岁的肖建华。

说起肖建华，他的北大背景是无法回避的。1986年入读北京大学法律系的肖建华，毕业后担任过北京大学团委干部、牡丹电视机车间主任、石家庄陆军学院教师。1993 年，肖建华联合几个人与北大资源集团合资成立了"北京北大明天资源科技有限公司"。肖的用意很明显，就是借助"北大概念"和"高科技概念"在证券市场上四面出击。而事实也证明，肖建华的判断是精准的，他和他的"明天系"在资本市场上掀起了一股"明天旋风"，他也凭借着高超的资本运作财技被冠以了"股市枭雄"的称号。

"明天系"先是在北京成立四家公司，然后这些公司或自然人，又在包头成立了三家公司。在"明天系"初具雏形之后，肖建华就开始了一系列令人眼花缭乱的资本运作。

肖建华初尝资本市场甜头是从间接控股"黄河化工"开始。1998 年 12 月，"黄河化工"将其子公司黄河化工碳素有限公司 84.7% 的股权作价 2094 万元卖给"包头创业"。"黄河化工"获利 1256 万元，从而达到配股资格。1999 年，"黄河化工"斥资 5000 万元收购"包头北普信息"。这笔交易使肖建华获得现金 3300 万元。随即，"北京北大明天资源"以 1.09 亿元受让包头化工集团总公司 47% 的股权，将其更名为"包头北大明天资源科技有限公司"。肖建华通过控股母公司从而控股"黄河化工"，也将其更名为"明天科技"，通过配股募得 3.33 亿元资金。2002 年上半年，明天科技增发，又获得近 10 亿元资金。与此同时，"明天科技"股票二级市场的涨幅超过 4 倍以上。

"华资实业"是"明天系"布控资本市场的第二步棋。"华资实业"1998 年 12 月上市。"包头创业""包头北普实业"当时以发起人共持股29.84%。"明天系"成为第二大股东，肖建华也当选为"华资实业"的副董事长兼总经理。1999 年 8 月 25 日，"北京北大明天资源"以 8417 万元的价格受让"包头创业"51% 的股权。尽管是"明天系"从左手到右手，但给外界造成的印象是"华资实业"一夜之间拥有了"北大"和"高科技"这两个耀眼的光环，一时间股价飞涨，半年多时间就翻了 3 倍以上。"华资实业"的发行与配股共募集 5.1 亿元，并且"华资实业"又有了新的配股计划。

在同一时期内，"明天系"以股权转让或其他形式先后介入"宝商集团""冰熊股份"（后退出）、"爱使股份""西水股份"四家上市公司。从"明天系"介入的这些公司来看，都先后通过 IPO、配股、增发从社会公众中募到大量资金，总计达 28 亿多元。

不难看出，"明天系"自成立以来，一直在不断地建立子公司、孙公司体系，通过纷繁复杂的交叉持股和眼花缭乱的股权转让，实现资本"腾挪"。短短几年时间，以肖建华为核心的"明天系"采取各种手段先后参股或控股了 6 家上市公司，随后又迅速涉足金融机构，逐步建立起兼跨实业和金融业、总资产达 50 多亿元、净资产为 20 多亿元的资本"帝国"。

2. 蜕变：向金融证券挺进

2000 年以后，"明天系"开始停下了对传统型企业主要是上市公司收购的步伐，把重点放在对城市商业银行、信托公司等金融机构上。"明天系"通过增资扩股和国有股股权转让的机会，在金融领域悄然构建了多条金融链条。

2000 年底，"明天系"盯上了 2002 年 1 月由长春市财政证券公司合并长春信托投资公司而来的长财证券。2003 年 4 月，长财证券大股东长春资产管理公司将其持有的股权出让给了 5 家民营企业，"明天系"旗下的明天科技，花 2 亿元成为长财证券的第一大股东。2003 年 7 月 1 日开业的新时代证券的 6 家股东中，"明天系"旗下的包头创业、北普实业、新天地联合出资 2.5 亿元，占 47% 的股份，使得"明天系"又成为新时代证券名副其实的第一大股东。

此外，"明天系"旗下的华资实业出资 9680 万元参与了恒泰证券（原内蒙古证券）的增资扩股，成为恒泰证券的大股东之一。

于是，在不声不响之中，"明天系"就控制和染指了 3 家券商，构筑着"明天金融帝国"的证券之链。

不仅如此，近年来，"明天系"的资本运作，还围绕着银行、信托、保险等金融分支行业展开。华夏银行、交通银行、温州市商业银行、宝鸡商业银行、包头市商业银行等金融机构都打上了"明天系"的印记。

肖建华和他的"明天系"还在悄然描绘着自己的金融蓝图。目前已知与"明天系"有关的 5 家上市公司在金融业的投资就已经超过了 7.8 亿元，加上对 3 家证券公司的投资，"明天系"在金融领域的投资已经超过了 13 亿元。

据分析，"明天系"进入证券公司，其目的是通过搭建金融链条以配合其他资本运作。其运作模式是上市公司收购并控制金融公司，包括银行、证券和信托等来构筑资金链条，并有可能以上市公司和金融公司的资金为依托，进一步做其他收购。

3. 期待：明天会更好

不管怎么说，作为资本市场的一代枭雄，肖建华和他的"明天系"在中国资本市场上留下了深深的足迹，其所演绎的资本并购传奇值得研读，而"明天系"向金融控股公司的快速转型，在中国金融控股公司，特别是以民营资本为核心的金融控股公司如雨后春笋般涌出的背景下，尤其值得关注。

我们知道，金融控股公司是一家公司在拥有实业的基础上，可以跨行业控股或参股，在同一控制权下经营银行、保险、证券两个以上的金融事业。这是当今国际金融一体化的趋势，也是中国金融业走向综合经营的现实选择。目前，中国尚缺乏对金融控股公司相关的法律法规和制度性安排，而我国却不同程度地存在金融机构控制实业、实业资本控制金融机构以及金融机构控制金融机构的现象，并趋于逐步放大的态势。特别是随着民营资本日渐渗透到中国金融业的各个领域，中国金融民营化的程度正逐渐提高。正是在这样的背景下，"明天系"选择了自己未来要走的路——打造自己的金融王国。

这是一个宏大的理想，也是一个艰难的历程。而其前辈如"德隆系"所走过的依然是磕磕绊绊的脚印，也在警示着肖建华和他的"明天系"，别把"车速"提得太快——"未来两年资产规模还将翻一番"。但愿，"明天系"的明天会更好。

4. 明天系控股公司

宝鸡商场（集团）股份有限公司（宝商集团、深圳 000796）

包头明天科技股份有限公司（明天科技、上海 600091）

包头华资实业股份有限公司（华资实业、上海 600191）

内蒙古西水创业股份有限公司（西水股份、上海 600291）

上海爱使股份有限公司（爱使股份、上海 600652）

（二）复星系简介

创建于 1992 年，中国最大的综合类民营企业集团，目前拥有钢铁、房地产、医药、零售和金融服务以及战略投资业务。主要业务均受益于中国的城市化、巨量人口、高增长市场及服务全球的制造业带来的持续增长，且基本进入中国行业前列。

1. 董事长：郭广昌

1989 年从复旦大学取得哲学学士学位，1999 年从复旦大学取得工商管理硕士学位。

郭广昌及其创业伙伴在 1992 年成立广信科技，并在 1994 年成立复星集团。复星集团是一家专业化的中国多产业控股公司，目前拥有医药、房地产开发、钢铁及零售业务投资四个具有竞争优势和增长潜力的主导产业板块。此外，还战略性地投资了其他行业业务，包括金矿开采及金融服务。复星集团目前已经是中国最大的民营企业集团之一。

自复星实业（复星医药的前身）于 1995 年 5 月成立以来，以及自复星房地产（复地的前身）于 1998 年 8 月成立以来，郭广昌一直担任该两家公司的董事长。

在中国经济高速发展的过程中，复星集团凭借着具有独特优势的杰出管理体系，持续发现投资机会，持续提升管理；凭借着对中国市场机会的深刻理解和长期积累的经验与资源，秉承"保持开放思维、强调行动效率、倡导团队合作和崇尚专业积累"的价值观，不断为海内外投资者提供稳健可控的中国产业投资机会，不断汇聚成长力量，持续地发现、提升和创造价值。

2. 运作过程

1992 年，开始业务运营。

1994 年，8 月开始开展房地产开发业务，12 月通过复星医药开始开展医药业务（当时公司名为复星实业）。

1998 年，7 月复星医药成为上交所上市公司，8 月复地成立（当时公司名为上海复星房地产开发有限公司）。

2000 年，8 月复星医药完成 2250 万股的 A 股配股，10 月投资友谊复星。

2002 年，8 月投资建龙集团，11 月成为豫园商城单一最大股东。

2003 年，1 月复星及建龙集团投资宁波钢铁，同月投资国药控股，3 月成立南钢联，5 月德邦证券成立，10 月复星医药发行 9.5 亿元人民币可转债。

2004 年，2 月复地成为香港联交所上市公司，4 月投资招金矿业。

2005 年，1 月南钢股份完成 1.2 亿股 A 股增发，3 月复地完成 1.466 亿股 H 股配售。

2006 年，启用新品牌和品牌标识语——汇聚成长力量，4 月复地完成 1.759 亿股 H 股配售，12 月招金矿业成为香港联交所上市公司。

2007 年，投资华夏矿业，7 月 16 日复星国际 H 股成功在香港联交所上市。

3. 医药业

2004 年 12 月 23 日，复星实业（600196）对外披露，公司拟出资 6526 万元从子公司手中受让复星药业 85.5% 的股权。股权转让后，公司将直接持有复星药业 97% 的股权。

此前，12 月 17 日，复星实业（600196）更名复星医药获得股东大会通过；就在更名第二天，复星以 3300 万元迅速受让了南京老山药业股份有限公司 32.98% 的股权，正式进入蜂制品市场。据汪群斌透露，此次更名还有更重要的意图，就是复星医药决意要进军海外市场。

复星实业（600196）2001 年 2 月通过收购信生制药 90.3% 的股权间接成为羚锐股份第二大股东，持股比例为 15.04%，与第一大股东羚羊山制药 18.95% 的持股还相差不到 4 个百分点。后信生制药更名为复星医药。因此，当时市场猜测，此次武汉虹惠收购羚锐股份 5.98% 的股权，不排除是复星医药在背后操纵。毕竟，加上这 5.98% 的股权，复星医药将稳稳当当地坐上羚锐股份第一大股东之位。

2006 年 4 月 22 日，国药股份（600511）与复星医药（600196）同时发布公告，宣布央企国药集团以其持有的国药股份股权出资，复星系两家公司将以现金约 3.1 亿元出资，对国药控股有限公司进行增资。增资后，国药控股成为国药股份控股股东，复星系也因此间接入股利润丰厚的国药股份。

海翔药业（002099）在深交所成功上市，此举不仅意味着复星旗下又多了一家上市公司，也使得复星医药（600196）的投资在三年内增值了10倍。2003年12月，复星医药通过旗下上海复星医药化工投资有限公司进入海翔药业，成为海翔药业的第二大股东，而今，当年的2700万投资获得了非常丰厚的回报。

4. 钢铁业

南钢股份要约收购被业界称为"沪深证券市场有史以来首例要约收购"浮出水面。本次要约收购的要约人南钢联合，是2003年3月由南钢股份的原控股股东——南钢集团与上海复星高科技集团、上海复星产业投资公司和上海广信科技合资成立，由复星系掌控南钢联合——握有60%的股权。复星的梁信军毫不讳言："钢铁产业将作为复星集团今后重要的产业来发展，而南钢今后扮演的角色将是复星钢铁业的资本运作平台。"

在中国钢厂接受国际铁矿石供应19%涨价幅度的背景下，中国两家大型民营钢铁企业——沙钢集团和复星集团2006年6月25日签署了战略合作框架协议，拟通过联盟和重组，共同应对全球钢铁市场的竞争。根据协议，双方将加强在大宗原燃料采购信息方面的沟通与交流，积极寻求铁矿石、焦煤/炭、废钢等采购及运输方面的合作，逐步向大宗原燃料，尤其是进口铁矿石的统一采购过渡。在国有控股钢铁企业纷纷建立战略联盟合作的情况下，国内两大民营钢铁巨头也开始探索联合重组的新路。上海复星集团和沙钢集团在京签订战略合作框架协议，拟通过联盟和重组，共同应对全球钢铁市场的竞争。此举也开创了中国特大型民营钢铁企业战略合作的先例。

在民营钢铁企业老板参加的一个论坛上，复星集团副董事长兼副总裁梁信军宣布，该集团将建立一只旨在国内钢铁企业融资的产业基金。目前这只基金的规模和具体模式尚在探讨之中，但可以肯定的是筹资方式将是多元化的，主要是为了给民营钢铁企业提供融资便利，整合国内的民营钢铁业。在香港上市的复星国际有限公司（以下简称"复星国际"，0656.HK），正试图通过对一个个钢铁企业的收购，将自己打造成"中国的米塔尔"。日前，复星国际宣布出资 9 亿元，与海南钢铁（以下简称"海钢"）成立合资公司，从事开采及加工铁矿石业务。复星高科技（集团）有限公司通过联合旗下的全资子公司——复星产业投资有限公司，与海钢分别持有合资公司 60% 和 40% 的股权，公司总投资及总注册资本为 15 亿元人民币。

5. 房地产业

随着 2007 年内地房地产股从"低估"的泥潭中走出，在香港上市的内地房地产公司渴望回归。近日，在港上市的复地（2337.HK）发布公告，称公司将向中国证监会申请，发行最多 1.264 亿股每股面值人民币 1.00 元的 A 股（或 6.32 亿股每股面值人民币 0.20 元的 A 股）。

由于业绩表现良好，目前，复地集团总裁范伟正把目标瞄准一些有土地资源的潜力型的开发商，"吃进"这些开发商是复地和范伟的下一着棋。

作为上海最大的房地产开发商之一，复地（2337.HK）公布的上半年财报让人眼前一亮，虽然处在宏观调控的逆势中，复地中期财报显示，营业额 9.74 亿元，较去年同期大涨 60%。复地表示，营业额增加主要是因为期内竣工楼盘数量增加。四年前便筹划上市的上海综合民营企业复星集团终于通过港交所聆讯，以"上海版和黄"作为卖点的复星集团，此次招股吸引了众多国际著名财团参与，其中包括沙特王子阿尔瓦利德（Alwaleed Bin Talal），以及华人首富李嘉诚。

上市之后，复星往何处去？复星国际董事长兼首席执行官郭广昌表示，在港交所集资上市后资金充裕，暂时没有计划在内地发行 A 股，但不排除分拆旗下业务上市的可能。而复星实业总经理汪群斌则表示，复兴国际的成功上市，有助于让那些曾经想过的"大项目"变成现实，因为复星"现在已经有这个实力"。

6. 复星系控股上市公司

复星医药	600196
南钢股份	600282
豫园商城	600655
友谊股份	600827

天药股份　　　　600488

羚锐股份　　　　600285

一致药业　　　　000028

海翔药业　　　　002099

招金矿业　　　　1818.HK

上海复地　　　　2337.HK

联华超市　　　　0980.HK

（三）涌金系

涌金系在股市上与鸿仪系和成功系密切配合，经常是共同进退，关系较为复杂，并称湘股三杰。涌金系母公司涌金集团最初组建于1994年，总部设在北京金融街。1994年，时年27岁的魏东成立了北京涌金财经顾问公司，从事财经咨询、财务顾问、承接企业的股份制改造和上市设计等业务。由魏东、魏锋两兄弟掌舵的涌金集团总部设在北京金融街。

一向低调神秘的涌金，据称从不接受媒体采访。但涌金系的快速发家却已是公开的事实，从最初创业到累积数以亿计的财富，魏东及其家族仅用了10年。

公开资料表明，从1996年开始，涌金系旗下公司开始出现在上市公司十大股东之中。其处理手法温和、专业，并不参与二级市场的炒作，运作模式被业界公认为理念领先，这主要得益于涌金系一直能够提前把握政策方向。在许多曾名噪一时的"系类家族企业"，如德隆系、鸿仪系、朝华系等销声匿迹后，涌金系进入了一个快速发展阶段。尽管市场对涌金系的运作褒贬不一，但不可否认，在私募投资日渐强势的今天，它已经成为私募基金的某种典型。涌金系的最大特点，是在刻意经营下拥有灵通的信息和丰富的人脉资源，根据不同阶段经济发展和政策环境变化，适时调整投资策略，其操作手法的每一次转变，都准确把握住了中国资本市场发展的"脉搏"。

1. 资本运作过程回顾

梳理涌金系的发展历程，我们发现，2002年是其重要的"分水岭"。在此之前，涌金系主要是抓住中国计划经济向市场经济过渡过程中产生的一系列政策机会，根据政策热点转战各个投资市场，以"盲点套利"模式获取相对低风险下的高收益。之后，涌金系开始进入实业领域，控股九芝堂，成为千金药业的第二大股东。随着其控股的成都建投成为 A 股市场第一高价金融股，以 VC 方式投资的青岛软控、北青传媒成功上市，再加上其他与九芝堂、千金药业、云南信托等资产相关联的上市公司、金融类企业、参股的一些未上市高科技企业，涌金系打造的产融结合模式已初具雏形。

2. 抓住股权分置时代三次"盲点套利"机会

早期的涌金系主要从事转配股、法人股受让、配售新股等一些中国资本市场发展特定阶段的股权交易，而这些都是职业投资者非常重视的盲点套利模式。通过这些操作，不仅让涌金系积累了股权投资经验，并为其日后将触角伸向实业积累了资本。

涌金系成立之初，刚好是中国经济转轨期。1994 年，时年 27 岁的魏东在北京成立了北京涌金财经顾问公司（以下简称"北京涌金"）。1995 年，魏东创建上海涌金实业有限公司（以下简称"上海涌金"），1999 年又以 1.8 亿元注册湖南涌金投资（控股）有限公司（以下简称"湖南涌金"）。湖南涌金后来成为涌金集团股份有限公司（以下简称"涌金系"）的核心投资平台。

从涌金系早期的投资思路看，它往往只是参与股权投资，且持股一段时间后迅速离场，而且更多是参与上市或非上市公司的私募股权投资，即一级市场和所谓的一级半市场。

20 世纪 90 年代，一级市场和一级半市场就是中国资本市场的盲点。盲点套利是指利用市场的定价错误或者制度障碍来获得收益，有着强烈的时代特点，是特定时期特定市场环境下的产物，要求投资者具有敏锐的市场观察力和把握宏观市场走向的能力。

3. 转配股机遇

转配股是典型的股权分置时代的产物。配股本来是上市公司向原有股东配售新股筹资的行为，但在 20 世纪 90 年代，除了社会公众股东外，法人股东和国家股东往往放弃现金配股。1994 年，国资委出台通知，国家股股东只能选择参与配股或转让配股权，"转配股"由此产生。

1994 年 6 月，证监会发文规定，不安排国家股、法人股因送配股而增加的股份或配股权上市流通。但并没有明确规定，一些机构和个人投资者受让的转配股不能上市流通。因此，一些机构和自然人积极受让国家股和法人股的配股权并获得配股。但是，证监会担心几十亿转配股上市可能会对股市发生冲击，1994 年 10 月，又下发通知规定，转配股暂不上市流通。这让已经受让转配股的投资者大呼失策。

此后，大多数投资者看淡国家股和法人股转配股的价值。在对转配股能否流通争论不休、政策仍不明朗的 1999 年 12 月底，涌金以每股 4.5 元的价格协议受让兴业证券所持有的闽福发（000547）转配股股权 600 万股，成为闽福发的第二大股东。

2000 年 3 月，证监会发布了转配股分期分批上市的通知，安排转配股逐步流通。2000 年 4 月 18 日，涌金持有的闽福发转配股获准上市流通。而此时离其受让闽福发股权不到 4 个月，涌金对政策的"敏感"可见一斑。

公告资料显示，闽福发 2000 年度中报的股东名单中已经不见涌金系踪影。而 2000 年 4 月 18 日至 6 月 30 日，闽福发的平均股价超过17.5 元，由此可推算，涌金至少套现 1.05 亿元，年均收益率达到 577.8%。

4. 法人股投资

从 1996 年起，涌金先后收购了金荔股份（600762）、精密股份（600092，第二大股东）、哈慈股份（600752）等公司的法人股。这三家公司由于经营不善，先后退市，给涌金的投资带来损失。但涌金其他的法人股投资均取得不菲收益。资料显示，2007 年 4 月 6 日，涌金实业将所持银河动力（000519）230 万股全部通过深交所出售；涌金实业持有的 812.43 万股中宝股份（600208）也在 2007 年 2 月 15 日、16 日减持，两日平均价格在 9 元左右，约获利 6635 万元。北京涌金一直持有康赛集团（后改名为天华股份，600745）的股份，还一直持有涌金旗下上海纳米创业投资有限公司 2000 年受让自杭州五环的四川湖山（000801）的股份，当年的受让价格为每股 1.74 元，而 2007 年 4 月已经涨到每股 12 元以上。

总体而言，涌金在法人股投资中获利超过 1.5 亿元，投资收益率超过 100%。

5. 新股战略配售

据公开资料，从 1999 年 11 月到 2001 年 3 月，涌金参与了多家上市公司的 IPO，获配售 306.47 万股三九医药（000999）、220 万股首旅股份（600258）、140 万股诚志股份（000990）、900 万股丝绸股份（000301）、120 万股波导股份（600130）、15.73 万股茉织华（600555）等。根据这些公司战略投资者股份开始流通日的收盘价计算，两年时间内，涌金凭借战略配售获取了 1.4 亿元左右的利润。

中国社会最大的特色是规章制度灵活化，这也是转轨经济时期的必然。而小投资者缺乏信息，对事物的本质和新事物的特性不能够及时把握。但是涌金系等私募基金，因刻意经营拥有非常灵通的信息和丰富的人脉资源，并对市场非常敏感，因而能够掌握制度变迁的时机，并形成相应的新赚钱模式。

6. 实践风险投资

涌金系以知金科技（即 1999 年底涌金系在中关村高科技园成立的北京知金科技投资有限公司）为平台，孵化了多个创业企业。其中青岛软控和北青传媒已成功上市，涌金系成功收回所有投资并获得高额回报。

在转配股与战略配售上小有斩获之时，涌金系开始将下一个投资目标锁定在创业企业。

按照知金科技的投资项目，估计青岛软控和北青传媒的上市已让其收回了所有投资，并获得 10 倍以上的高回报。因此，其他几家创业企业一旦上市，涌金系将获得巨额收益。

从涌金参与的创业投资项目来看，其主要涉足信息、生物、传媒等高新技术产业，并采取与高校"联姻"的方式进行投资。这种投资策略，一方面使投资能够具有较高的回报率，因为这类科技项目如果研发成功，往往利润可观，非常类似于美国风险投资选择目标的方式；另一方面依靠高校技术背景，所投资企业均具有强有力的研发支持，这有效地降低了投资风险，增大了成功率。

7. 医药 + 金融的产融模式逐渐成形

分析涌金系 2002 年后的操作，我们发现，它从一个受益于政策盲点和市场机会的套利者转型为实业+金融的投资基金，并以九芝堂、千金药业等上市公司为核心的医药产业横轴，以成都建投（国金证券）、云南国际信托等为核心的金融产业纵轴，初步确立了产融结合的构架。

从德隆系始，几乎所有的"系类家族企业"都选择了资本运作+实业运作的模式，涌金也未能例外。只是同类纷纷倒下，涌金搭建的"医药+金融"实业体系存活并壮大了。

8. 收购九芝堂和千金药业

收购九芝堂集团，涌金第一次真正控股一家上市公司。

2002 年 1 月 23 日，长沙九芝堂集团（持有上市公司九芝堂 60.74%的股权）整体出售给湖南涌金投资（控股）有限公司（以下简称"湖南涌金"）、上海钱涌科技、杭州五环实业，湖南涌金占 49%的股权，进而间接持有九芝堂 29.76%的股权（其后经过多次股权变更，湖南涌金持有的九芝堂集团股权增加到 59.5%）。

成立于 1999 年 9 月的湖南涌金是在千金药业上市前收购其股权的。涌金系获得千金药业股权的手法与私募股权投资基金的运作较为类似，相当于一次 Pre-IPO。在涌金介入之时，千金药业经营稳定、业绩优良，并已进入上市前的准备阶段。2002 年上半年，湖南涌金出资 3600 万元，以每股 4.8 元的价格收购千金药业内部职工股 753.3 万股。经过短短两年的资本和实业双重运作，千金药业于 2004 年 3 月 12 日在上交所上市。涌金 3600 万元的股权投资增值为 8270 万元。

公开资料显示，在千金药业成功发行 1800 万股 A 股之后，湖南涌金持有上市公司总股本的 13.45%，是千金药业第二大股东。2005 年 10 月，湖南涌金又以每股 7.64 元的价格受让第四大股东北京金科邦持有的千金药业 450 万股法人股，截至目前，稳坐第二大股东的位置。

2006 年 10 月，千金药业通过股权拍卖方式，以 1130 万元获得湖南金沙大药房零售连锁有限公司（以下简称"金沙"）的全部股权。至此，湖南涌金完成了药品零售企业整编，旗下千金药业、金沙以及九芝堂这三家湖南本土知名大药房开始协同运作，三家综合实力相加后，成为湖南第二大药品零售方阵。

9. 涉足证券、银行、信托

2005年，中国证券市场正处于黎明前的黑暗中，券商行业整体低迷，涌金系却在7月中旬控股成都证券，并为其成功增资扩股。而由于湖南涌金、九芝堂集团两家股东共持有成都证券38%的股权，当时市场即将涌金看作是成都证券的实际控制人（后来这部分股权全部由九芝堂集团持有）。

2005年4月，成都证券在深交所的会员名字去掉"经纪"二字，变更为"成都证券有限责任公司"，比照综合类券商经营。日后，成都证券更名为"国金证券有限公司"。2006年7月，国金证券获规范类证券公司资格；12月，国金证券成功借壳成都建投，并完成了股改。

2007年3月，成都建投复牌后首日暴涨129.6%，成为中国第一高价金融股，让国金证券的股东获利不菲。2007年3月23日，九芝堂与千金药业联合竞标，获得长沙市财政局所持有的2791万股交通银行国有法人股。二者以每股6.05元的价格各获得1395.5万股。仅仅在不到两个月后，交通银行于2007年5月15日在A股上市，以2007年5月17日的收盘价13.59元计算，九芝堂和千金药业的持股市值分别达到1.9亿元，账面盈利达1.05亿元。在建设银行、工商银行、中国银行以及其他商业银行纷纷上市后，银行股的价值已被市场广泛认同，而且2007年以来，上市的商业银行A股股价基本上超过H股股价。涌金系此时再获得交通银行的股份，无疑相当于又一次无风险套利。

除了参股银行、券商外，涌金系还参股云南国际信托投资有限公司。涌金（实业）集团有限公司位列第一大股东云南省财政厅（持股25%）之后，持有24.5%的股份，第三大股东上海纳米持股23%，由于上海纳米创业75%的股权为魏东拥有，因此，云南信托的控制权实际掌握在涌金系的手里。

10. 涌金系主要控股上市公司

九芝堂　　　　　　　000989

国金证券　　　　　600109

青岛软控　　　　　002073

四川湖山　　　　　000801

（四）央企中船系

最近两年，央企为了提高整体效益和竞争力，也加大了整合和资本运作的力度。其中，最著名的是中船系。

中国船舶工业集团公司（英文简称 CSSC，简称中船集团公司）组建于1999 年 7 月 1 日，是中央直接管理的特大型企业集团，是国家授权投资机构。CSSC 是中国船舶工业的主要力量，旗下聚集了一批中国最具实力的骨干造修船企业、船舶研究设计院所、船舶配套企业及船舶外贸公司，共有约60 家独资和持股企事业单位。

造船是 CSSC 的主业。产品种类从普通油船、散货船到具有当代国际水平的化学品船、客滚船、大型集装箱船、大型液化气船、大型自卸船、高速船、液化天然气船、超大型油船（VLCC）及海洋工程等各类民用船舶与设施，船舶产品已出口到 50 多个国家和地区。

1. 中船系嫡系公司：中国船舶

2007 年 7 月 27 日，沪东重机 2007 年第二次临时股东大会召开，会议通过了公司董事会和监事会换届选举、公司变更名称、修订公司章程等五项议案。随着沪东重机董、监事会的换届以及公司名称变更为"中国船舶工业股份有限公司"，中船集团成功借助沪东重机定向增发实现核心民用船舶主业整体上市。

中国船舶在增发完成后将成为具有国际竞争力的集造船、修船和主机制造于一体的上市公司，无可争议地成为中国船舶行业上市公司的龙头企业。

2. 中国船舶的蜕变之路

在不到一年半的时间里，中国船舶（600150，前身为沪东重机）迅速完成了"化蝶"的过程，由一只不到 10 元的中价股一跃成为 A 股市场的第一高价股，不仅成为投资者关注的焦点，也成为央企整体上市和资产注入的典范。中国船舶的蜕变可以分为四个阶段。第一阶段，2006 年初至 8 月 30 日，首次定向增发，此时的沪东重机还只是一只景气复苏的周期性股票，公司股价从 8 元多涨到接近 20 元，涨幅在 1.5 倍左右。第二阶段，2006 年 9 月初至 12 月，公司控股股东股权划转，由中国船舶工业集团公司的孙公司直接提升为子公司，公司股价从接近 20 元涨到接近 30 元，涨幅在 50% 左右。第三阶段，2007 年 1~7 月，完成股权划转的中船集团对沪东重机启动再次定向增发和资产注入，伴随定向增发的进程，公司股价从 1 月底的接近 30 元一路上涨到 6 月定向增发获批后的 140 元，涨幅达 3 倍多。第四阶段，2007 年 7 月 31 日至今，公司正式由沪东重机更名为中国船舶，随后股价由 150 元左右再次一路飙升到最高 244.90 元，涨幅达 60% 左右，超越茅台一跃成为 A 股市场第一高价股。

中国船舶的股价之所以有如此巨大的涨幅，其中一个重要因素就是注入资产的放大效应。据公司资料，实施资产注入后，上市公司的净资产扩大了 10 倍，净利润扩大了 6 倍，每股净资产扩大了 3.2 倍，从而对上市公司股价形成强烈刺激。第二个因素是国内造船行业的高度景气，提升了原有资产和注入资产的盈利增长预期，成为公司股价大幅上涨的第二推手。

资本市场将获得更充分的发展，利益相关各方实现多赢——大股东将优质资产注入上市公司，实现权益价值的最大化；投资者分享股价上涨带来的财富效应。

3. 中船系下大将：广船国际

公司是中船集团华南地区最大的综合造船企业，以造船业务为核心，专注于灵便船产品的开发和建造，主营成品油化学品船，预计将是未来中船龙穴岛基地建设的主体，该基地设计主产 VLCC，年产 300 万吨左右，是目前公司产能的 7 倍以上。作为中国第一、世界第四的灵便型液货船制造商，产品范围已从成品油轮、原油轮拓展到化学品船。公司 2006 年年底建成的 5 万吨级船坞将使其造船产能翻番，从目前的 10 艘左右增加到 20 艘以上。

广船国际的业绩增速可以用"芝麻开花节节高"来形容，尤其净利润的增长达 6 倍更是惊人。半年报显示，营业总收入为人民币 24.12 亿元，其中主营收入为人民币 23.27 亿元，比上年同期增长 57.10%，实现净利润为人民币 4.65 亿元，较上年同期增长 613.37%，每股收益为 0.94 元，比上年同期增长 613.37%；利润总额是上年同期的 7 倍。

与业绩形成对比的是，广船国际的股价也是步步登高，迅速突破百元。

4. 中船系下老三：江南重工

江南重工是中国最大的造船基地，主营大型钢结构、压力容器、港口机械及船舶设备制造等业务，是我国大型钢结构机械工程基地之一，也是我国唯一生产大型液化气船液罐的企业，专业实力位居全国前列。

作为中船集团整合大局中最为重要的一盘棋，关于江南重工"去向"的谜底正逐渐揭开。中船的决策层对中船的整合思路一向比较保密，外界对其将整合也进行充分猜测，一般认为私有化或保持江南重工船配相关资产独立上市的可能都存在。

在复牌后，江南重工（600072）仍是直奔涨停，封上连续第六个涨停板。而自 2007 年以来，江南重工股价已涨了 10 倍，成为沪深两市少见的大牛股。

中船系制造了沪深两市甚至是世界上罕见的财富效应。投资者不妨关注央企整合带来的机会。

另外，蓝星系、中铝系、中粮系、中信系、中铁系、中航军工系等央企集团也正在紧锣密鼓地进行资本化运作。

5. 中船系成员

中国船舶　　　600150

广船国际　　　600685

中船股份　　　600072

（五）外资血统的高盛系

1. 高盛简介

高盛是集投资银行、证券交易和投资管理等业务于一体的国际著名的投资银行。它为全球成千上万个重要客户，包括企业、金融机构、国家政府及富有的个人，提供全方位的高质量金融服务。

高盛1869年创立于纽约，是全球历史最悠久、经验最丰富、实力最雄厚的投资银行之一。在以合伙人制度经营了130年之后，高盛于1999年5月在纽约证券交易所挂牌上市。高盛公司总部设在纽约，在全球20多个国家设有分部，并以香港、伦敦、法兰克福及东京等地作为地区总部。长期以来高盛公司视中国为重要市场，自20世纪90年代初开始就把中国作为全球业务发展的重点地区。

近期，高盛在中国的亮相频率恍如演艺界明星。高盛已接连收购多家上市公司股权并成为这些公司的控股股东或第二大股东。这些公司几乎都是中国的一些行业龙头或处于行业领先地位的公司。面对具有高盈利能力的中国企业，连续五年位居全球并购榜首的高盛集团已经不满足于为中国企业的并购做顾问，而是越来越多地扮演"当事人"的角色。

在过去的十多年中，高盛一直在帮助中资公司海外股票发售中占据领导地位；在债务融资方面，高盛在中国牵头经办了40多项大型的债务发售交易。高盛多次在中国政府的大型全球债务发售交易中担任顾问及主承销商。

对于高盛入股的平安保险、中国网通、中芯国际、分众传媒等企业，目前已相继被高盛推向了中国香港或美国资本市场，高盛也因此获得了巨额的收益。以平安保险为例，至2006年6月30日，高盛的浮动收益已达到约2.8亿美元，与当时的投资额相比，获益近8倍。

在《外国投资者对上市公司战略投资管理办法》2006年2月开始正式实施后，高盛又加快了通过二级市场直接战略投资的步伐。高盛其实还是首家绝对控股中国内地合资证券公司的海外投行。2004年12月，高盛获得证监会批准成立合资公司——高盛高华证券有限责任公司。

2. 高盛在中国的并购历程

高盛最早提出"金砖四国"（中国、印度、俄罗斯、巴西）概念，不仅为跨国公司投资中国打下理论基础，而且高盛更是以自身的实践行动来证明它的判断。高盛1984年在香港设亚太地区总部，又于1994年分别在北京和上海开设代表处，正式进驻中国内地市场，属于最早进入中国市场的海外投行之一。前任总裁亨利·鲍尔森自 1992 年以来到访中国不下 70 次，甚至有人认为鲍尔森与中国领导人的关系亲密程度已经超过某些美国政府高官。在中国，高盛已经不满足于在并购当中仅充当顾问，其更多的是在扮演投资者的角色。

如今，进入中国 13 载的资本大鳄高盛可谓成果累累，而其在中国资本市场长袖善舞、攻城略地仍在如火如荼地进行中。

2001 年，高盛收购中国第三大综合固线电信服务公司中国网通价值 6000 万美元的股份，还收购中国中芯国际价值 5000 万美元的股份。

2003 年，高盛与华融资产管理公司成立合资公司并资助该合资公司收购价值 19 亿元的不良贷款及地产资产组合，随后高盛收购了长城近百亿元不良资产。

2005 年 4 月 1 日，高盛以 1.076 亿美元买下上海百腾大厦。

2006 年 1 月底，高盛集团连同安联保险公司和美国运通公司签署协议，以 37.8 亿美元收购工行 10% 的股份。

2006 年 4 月底，高盛以 20.1 亿元夺得双汇集团控制权，6 月再以 5.62 亿元收购双汇发展 25% 的股权，高盛集团实际控制双汇发展 60.72% 的股权。

2006 年 11 月 20 日，福耀玻璃（34.80，0.35，1.02%）向高盛集团控制并管理的 GS 定向发行约 1.11 亿股股票，募集资金约 8.9 亿元，高盛旗下公司占福耀玻璃比例达 9.98%。

2006 年 11 月 25 日，美的电器（38.64，–0.18，–0.46%）向高盛全资拥有的 GS 定向增发 7.17 亿元股票，扩大总股本后，高盛集团占有美的电器 10.71% 的股份。

2006 年，高盛收购西部矿业 3025 万股股份，赶在上市前夜跻身西部矿业主要股东行列。如今，这笔 9600 万元的投资获得了 70 亿元收益，堪称暴利。

3. 高盛系 A 股上市公司成员

双汇发展　　　　　000895

福耀玻璃　　　　　600660

| 阳之光 | 600673 |
| 西部矿业 | 601168 |

随着资本市场的不断发展，派系兴衰演绎将更加频繁，实力与技巧决定了新的传奇与破灭。除了要了解这些资本派系的特点，投资者还要了解券商自营盘、各大著名基金公司和民间著名的派系的投资风格（操盘风格）。在某一段时间内，关注资本派系运作的节奏，可以适时地发现一些获取暴利的套利机会，也可以躲避一些不必要的风险。

第四节　淘金基金排名战

2009年2月，工银瑞信基金公司原固定收益总监文鸣因身体原因离世，终年51岁。

2009年6月，私募界元老级人物晓扬投资董事长、原君安证券总裁杨骏因肝癌去世。在其去世前不久曾发出"6000点是这辈子再也见不到的点位"的感叹，当时还被人评论他太悲观了，不想对于他而言，就是一个惨痛的事实。

2009年7月，上投摩根前投资总监孙延群因"消化道出血、失血性休克"而辞世。

2009年9月，易方达基金管理有限公司原总经理助理缪建兴因突发性脑溢血抢救无效在北京病逝，享年47岁。

2011年1月9日，银华—道琼斯88基金的基金经理杨长清因患白血病在北京病逝，享年37岁。

……

看着上面那一串死亡名单，您还觉得基金经理是天之骄子吗？

事实上，作为业内人士，我们很同情那些基金经理。这个职业很艰辛，这些年轻的精英们承受了太多的压力，其中最主要的，就是基金排名战。排名意味着基金公司能否顺利发行更大规模的基金，排名意味着基金经理的年薪奖金和市场身价。

然而，无论如何，基金公司在中国资本市场上，是一支举足轻重的力量。他们依靠强大的资金实力和较为专业的研究能力，也对股市有着重大的影响。我们前面讲到，资本派系是叱咤风云的超级玩家，其实，基金公司也算作一个派系，只是这个派系基本不涉及产业运作，而仅仅是金融投资。

那么，基金公司的排名战究竟潜藏着哪些投资机会呢？

我们都知道，每年进入第四季度，基金排名的竞争就非常紧张，各大基金公司和基金经理挖空心思地争取脱颖而出。然而，现在基金投资趋于同质化，你有我也有，扎堆一只股票的情况比较常见，毕竟，"好的股票标的太少了"。这与基金公司的战略是息息相关的，因为他们选择的人才就是出自那么几个名牌大学，师从相同的教授，知识结构和思维模式大同小异。基金经理们都很清楚，如果大家都持有的股票，你去积极运作，即使股价涨了，也是给别人抬了轿子，对于排名竞争无益。所以，问题的关键就是，怎样能够通过努力让自己的股票增值，而甩开其他竞争对手？答案是，独门重仓股。自己有而别人没有或者很少。

每家基金公司都有自己的独门重仓股。排名战和基金公司的激励机制，也使得基金经理逐步脱离了价值投资的轨道，思想浮躁，运作短线化。所以，实力较强的基金公司和基金经理把独门重仓股当作重点打造对象，而这些股也就往往会成为超级牛股。例如，明星基金经理王亚伟所持的独门重仓股广汇股份、东方金钰、中恒集团等在 2010 年都有上佳表现。

投资者不仅仅要看基金排名战的热闹，更要参与其中带来的机会。最具实力的基金公司和明星基金经理所持有的独门重仓股，就是较好的投资标的。淘金方法和步骤如下。

一、筛选排名前五的基金公司

软脚虾基金就不要滥竽充数了，他们没有能力运作成功的股票或者说概

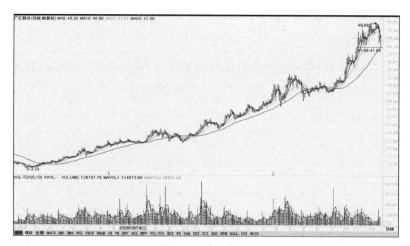

图 5-9　广汇股份

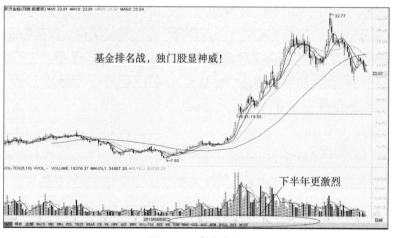

图 5-10　东方金钰

率太小。本人只相信实力，不相信运气。前五名的基金公司，实力雄厚，但谁能夺冠也有变数，所以，不妨先选入。另外，您必须历史地看待排名，那些往年业绩不稳定的，要淘汰掉，宁缺毋滥。

2010 年基金公司排名如表 5-4 所示。

表 5-4　2010 年基金公司排名

序号	基金代码	基金简称	2010 年净值增长率 （%）	同类型排名
1.1.1 股票基金—股票型基金—标准股票型基金				
1	630002	华商盛世成长股票	37.77	1/166
2	519670	银河行业优选股票	29.94	2/166
3	000021	华夏优势增长股票	24.75	3/166
4	350005	天治创新先锋股票	23.90	4/166
5	070099	嘉实优质企业股票	23.24	5/166

二、选择基金公司独门股

独门股是对比产生的。我们把这个选择过程分为两步：第一步是，列出这 5 家基金的前五名的重仓股（关于基金公司前五名的重仓股，您可以查阅该基金公司的网站。本书最后，有各大基金公司的网站资料，仅供查询）；第二步是，删除本基金持股数量不突出而又有其他基金公司集中扎堆的股票。这样得到的就是各基金公司的独门重仓股。您按照基金排名、持股权重排名，从这 5 家基金中优选出 5 家独门股，就可以了。不要贪多，越多越滥。

三、选择介入时机

排名战进入下半年就比较激烈了，因而基金的独门重仓股表现也往往在下半年。投资者淘金基金排名战，最好是在下半年下手，转折点一般是七八月。半年报很关键，您最后确定投资标的一定要参考半年报提示的重要信息，特别是基金的动态排名情况和他们所持有的重仓股变化情况。最后结合对股票本身基本面估值和技术形态，以及大盘的整体状况，您可以灵活地选择介入时间和仓位。

跟着这些帅哥基金经理走，借助于这个中国资本市场的特有现象，实现坐轿子水涨船高的升值，心里还是挺舒服的。只是再看到基金经理跳楼或者病逝的信息，您要真诚地为他们祈福，做人要厚道。

附：基金公司名单和中国十大活跃游资基地简介

一、各大基金公司及其网站

1. 宝盈基金管理有限公司　www.byfunds.com

2. 博时基金管理有限公司　www.boshi.com.cn

3. 长城基金管理有限公司　www.ccfund.com.cn

4. 长盛基金管理有限公司　www.csfunds.com.cn

5. 长信基金管理有限责任公司　www.cxfund.com.cn

6. 大成基金管理有限公司　www.dcfund.com.cn

7. 东方基金管理有限责任公司　www.orient-fund.com

8. 东吴基金管理有限公司　www.scfund.com.cn

9. 富国基金管理有限公司　www.fullgoal.com.cn

10. 工银瑞信基金管理有限公司　www.icbccs.com.cn

11. 光大保德信基金管理有限公司　www.epf.com.cn

12. 广发基金管理有限公司　www.gffunds.com.cn

13. 国海富兰克林基金管理有限公司　www.ftsfund.com.cn

14. 国联安基金管理有限公司　www.gtja-allianz.com

15. 国泰基金管理有限公司　www.gtfund.com

16. 国投瑞银基金管理有限公司　www.ubssdic.com

17. 海富通基金管理有限公司　www.hftfund.com

18. 华安基金管理有限公司　www.huaan.com.cn

19. 华宝兴业基金管理有限公司　www.fsfund.com

20. 华富基金管理有限公司　www.hffund.com

21. 华商基金管理有限公司　www.hsfund.com

22. 华夏基金管理有限公司　www.ChinaAMC.com

23. 汇丰晋信基金管理有限公司　www.hsbcjt.cn

24. 汇添富基金管理有限公司　www.99fund.com；www.htffund.com

25. 吉林省创业投资基金管理有限责任公司 www.jilinvc.com

26. 嘉实基金管理有限公司 www.jsfund.cn

27. 建信基金管理有限责任公司 www.ccbfund.cn

28. 交银施罗德基金管理有限公司 www.jysld.com

29. 金鹰基金管理有限公司 www.gefund.com.cn

30. 金元比联基金管理有限公司 www.jykbc.com

31. 景顺长城基金管理有限公司 www.invescogreatwall.com

32. 民生加银基金管理有限公司 www.msjyfund.com.cn

33. 摩根士丹利华鑫基金管理有限公司 www.msfunds.com.cn

34. 南方基金管理有限公司 www.southernfund.com

35. 农银汇理基金管理有限公司 www.abc-ca.com

36. 诺安基金管理有限公司 www.lionfund.com.cn

37. 诺德基金管理有限责任公司 www.lordabbettchina.com

38. 鹏华基金管理有限公司 www.phfund.com.cn

39. 浦银安盛基金管理有限公司 www.py-axa.com

40. 融通基金管理有限公司 www.rtfund.com

41. 上投摩根基金管理有限公司 www.51fund.com

42. 申万巴黎基金管理有限公司 www.swbnpp.com

43. 泰达荷银基金管理有限公司 www.aateda.com

44. 泰信基金管理有限公司 www.ftfund.com

45. 天弘基金管理有限公司 www.thfund.com.cn

46. 天治基金管理有限公司 www.chinanature.com.cn

47. 万家基金管理有限公司 www.wjasset.com

48. 新世纪基金管理有限公司 www.ncfund.com.cn

49. 信诚基金管理有限公司 www.citicprufunds.com.cn

50. 信达澳银基金管理有限公司 www.fscinda.com

51. 兴业全球基金管理有限公司 www.xyfunds.com.cn

52. 易方达基金管理有限公司 www.efunds.com.cn

53. 益民基金管理有限公司 www.ymfund.com

54. 银河基金管理有限公司 www.galaxyasset.com

55. 银华基金管理有限公司 www.yhfund.com.cn

56. 友邦华泰基金管理有限公司 www.aig-huatai.com

57. 招商基金管理有限公司 www.cmfchina.com

58. 中海基金管理有限公司 www.zhfund.com

59. 中欧基金管理有限公司 www.lcfunds.com

60. 中信基金管理有限责任公司 www.citicfunds.com

61. 中银基金管理有限公司 www.bociim.com

62. 中邮创业基金管理有限公司 www.postfund.com.cn

其中，大家耳熟能详的著名基金公司如华夏、易方达、嘉实、上投、华安、南方、博时等都在资金规模和运作方面有自己的独特优势。

华夏基金：操作风格激进，仓位调动频繁，擅长对隐形资产进行挖掘，并在市场高潮时快速撤退。操作成功案例：中恒集团、葛洲坝、广汇股份、东方金钰、峨眉山。

易方达基金：易方达的股票投资理念是"投资具有核心竞争力和持续业绩增长能力的行业领先型公司及基本面发生重大好转、股价尚未反映其变化的行业领先型公司，可获得超额回报"。操作成功案例：苏宁电器、大商股份、潍柴动力、大族激光。

广发基金：在投资策略上，广发小盘采取小市值成长导向型。由于小市值成长型股票往往具有高成长性的同时，会隐藏很多潜在风险，因此广发小盘不得不采取分散投资策略。为此，其前十大重仓股的历史平均仓位，在广发旗下其他股票型基金中一直是最低的。操作成功案例：王府井、天士力、洪都航空、山西汾酒。

南方基金：投资策略相对稳健，善于对传统行业进行价值挖掘，捕捉其热点板块。操作成功案例：五粮液、贵州茅台、中国重工、中国南车。

……

基金这个行业，多少有点靠天吃饭的意思，有辉煌也有低谷。行情火爆时，基金经理风光无限，光芒四射；一旦行情萧条，趋势恶化，他们又会亏得吐血，抑郁落寞，忍受尖刻指责。这正验证了那句股市谚语——如果你爱一个人，让他去股市；如果你恨一个人，让他去股市。

二、中国股市十大最活跃游资基地

No.1　国信证券深圳泰然九路营业部：市场人士将它称为超级游资。从许多强势个股的成交公开信息中都能看到它的身影，从交易情况来看，快进快出仍然是其典型的风格，但是其买卖个股分散。

No.2　国信证券上海北京东路：上海地区证券营业部的"四大天王"之首。北京东路的众多大户精于市场心理分析，通过在反弹中树立其所介入股的龙头品种地位的方式，引发市场散户乃至部分机构的跟风，以从一个又一个的局部投资战役中获得丰厚利润。与此属同类型的国信证券广州东风路营业部和国信证券杭州体育场路营业部，被市场统称为"国信帮"，成为私募集中营。

No.3　华泰证券江阴虹桥北路：较为低调，不受人瞩目，但在全国10强营业部综合指标中排名第七。深藏着众多私募，从翻倍股精工钢构（600496）和中路股份（600818）的炒作中可以看出，可见其营业部的消息灵通。

No.4　招商益田路免税商务大厦营业部：不太引人注目的营业部，但是它的实力却相当惊人。该营业部大户云集，也是深圳著名的私募集散地。

No.5　东吴证券杭州文晖路：原为东吴证券杭州湖墅南路，继承了银河证券宁波解放南路的"敢死队"的手法，最近两年在股市中呼风唤雨。备受关注的章建平夫妇是此家营业部的灵魂人物。

No.6　招商证券广州天河北路营业部：被市场称为"广州帮"短庄。喜欢短平快的炒作，操作的个股走势并不流畅，善于借力股评来获利。中信证券广州天河北路营业部也属此类。

No.7　国泰君安上海江苏路营业部：被称为"制造亿万富豪的基地"。坊间传闻该营业部的总资产超过400亿元。保险公司、企业年金、大型国企、阳光化私募等占了七成的客户资产规模，有很高的研究水平。

No.8 银河证券宁波解放南路营业部：是"敢死队"的发源地。一个又一个涨停板背后都有它的身影。后来证监会加强了监管力度，"敢死队"三个字开始慢慢淡出人们的视线。光大证券宁波解放南路营业部和银河证券宁波义和路营业部也属于此类型。

No.9 国信证券深圳红岭中路营业部：老牌劲旅。从近年的市场操作来看，其影响力已经逐渐降低，但顶着"深圳最老的营业部"的头衔，依然在市场有着相当高的人气。

No.10 东方证券上海宝庆路营业部：素有短炒专家的称号。驻扎在该营业部的主力把权证的操作风格带入股票交易中，对个股的炒作短到几乎可以在一天完成。通常买入席位出现东方证券宝庆路营业部的个股，当天股价会在盘中某一时刻被突然拉起，甚至拉到涨停，但第二天的涨势戛然而止，让跟进的散户失足深套。

后 记

亲爱的读者：

当您读完了本书，就像是我们之间的一次谈话结束。然而，我觉得，我们已经成为朋友了，不是吗？我想了解您内心深处真正的困惑、想法，牵挂您在实战中的状况，也想了解您对本书的宝贵意见。您可以通过 E-mail、短信寄语留言。特别需要说明的是，读者众多而本人事务繁忙，本人可能做不到全部回复，希望您能够理解！

期待您投资成功的好消息！

最后，请您帮忙——把本书推荐给每一个需要它的人，好吗？

本书可以作为：

股民的高级实战辅导书；

证券、基金从业者的心得交流媒介；

大学生的财商教育教科书；

投资者之间的互赠佳品。

非常感谢您的支持！

祝您财源兴旺！！

您的朋友　江山

关注作者，可扫描二维码加微信公众号：估值在线。